I0831049

prometeo
libros

prometeo
libros

Política y orden mundial.

Ensayos sobre Carl Schmitt

Juan Carlos Corbetta
y Ricardo Sebastián Piana
(Comp.)

Política y orden mundial.
Ensayos sobre Carl Schmitt

© De esta edición, Prometeo Libros, 2007
Pringles 521, Ciudad Autónoma de Buenos Aires, Argentina
Tel.: (54-11) 4862-6794/Fax: (54-11) 4864-3297
e-mail: distribuidra@prometeolibros.com
http.www.prometeoeditorial.com

Hecho el depósito que marca la Ley 11.723
Prohibida su reproducción total o parcial

Índice

Prólogo

La obra Carl Schmitt, uno de los juristas más importantes del siglo xx,
ha generado polémicas e interpretaciones irreconciliables. El pensamiento mismo de Schmitt, agudo y profundo, parece a veces contradictorio,
lo que quizá se deba a su inagotable avidez por interpretar las vicisitudes
de su tiempo, un tiempo de cambios y antagonismos.

Prolífico escritor en temas de derecho público,[1] su obra sin embargo
no se agota en cuestiones jurídicas y políticas, sino que comprende también estudios literarios, religiosos, filosóficos y de germanística. Mantu-
vo amistad con juristas, artistas, poetas, ensayistas, escritores y filósofos.[2]
Pese a que sus temas centrales giraron en torno de la pregunta por el poder, la autoridad y el cumplimiento del derecho, pertenece a la tradición
de los intelectuales alemanes que, más allá de su especialidad, abarcaron
todos los problemas de su tiempo.

Más allá de la figura de este defensor del *ius publicum Europaeum* como hilo conductor de los ensayos que componen este volumen,[3] en cada uno de ellos destaca la influencia de la teoría schmittiana sobre el
pensamiento político actual. Conceptos tales como la noción de excepción, decisión y soberanía, el problema del Estado total, la teoría del partisano, la distinción amigo-enemigo como criterio de lo político, la
diferenciación entre legalidad y legitimidad y su aguda crítica al pensamiento liberal y sus instituciones, las nuevas formas de la guerra, son claves para la interpretación del mundo actual. Como ha dicho Haso

---

[1] Como aclara Freund en el trabajo que aquí presentamos, Schmitt era un *Staatsrechtler*,
esto es, un profesor de derecho público y como tal, sus obras incluyen temas de derecho
constitucional y de derecho internacional.

[2] Ernst Jünger y Martin Heidegger están entre ellos.

[3] Estos ensayos aparecieron originariamente publicados en el N° 3 de la Revista *Futuro-
Presente*, Perugia, Italia, 1993. La revista era dirigida por Alessandro Campi.

Hofmann, "desde hace mucho tiempo hay numerosas expresiones de Carl Schmitt que se volvieron un bien común".[4]

Nació en 1888 en Plettenberg, en la región de Westfalia, y murió en la misma ciudad en 1985. Perteneciente a una familia católica, fue el segundo de cinco hijos. Estudió filología antes de iniciar su carrera jurídica en Berlín, Munich y Estrasburgo. En esta última ciudad, en 1917, obtuvo Schmitt su habilitación para la enseñanza en Teoría del Estado. Luego de un breve paso por Munich, siguió su carrera docente en Greifswald (1921), Bonn (1922), Berlin (Handelshochschule 1928), Colonia (1932) y nuevamente en Berlín (Friedrich-Wilhelms-Universität, 1933-1945).

Escribió siempre a partir del hecho histórico y de preocupaciones concretas: la primera Gran Guerra, el armisticio de 1918 y el Tratado de Versailles de 1919, la Sociedad de las Naciones, el nacimiento de la República, la violencia de los procesos revolucionarios, los antagonismos propios del régimen constitucional de Weimar y su hundimiento, el ascenso del nacionalsocialismo, el orden del mundo después de la Segunda Guerra Mundial, el imperialismo anglosajón, las Naciones Unidas.[5] Sin embargo sus teorizaciones no están asociadas con la coyuntura, esto es, a través del análisis de la política logra captar lo inmanente de lo político.[6]

Pero ciertamente, Schmitt es un autor controvertido. Su "redescubrimiento" de lo político, de cuya neutralización acusó al liberalismo, no ha generado tantos debates como su trayectoria pública y su adhesión al nacionalsocialismo. En efecto, el lado personal más oscuro, reprochable y conflictivo de la vida pública de Schmitt fue su afiliación al partido nacionalsocialista en mayo de 1933. También respecto de alguna de sus obras del período puede hacerse igual reproche.[7]

---

[4] Hofmann, Hasso, "Legitimát gegen legálitát. Der Weg der politischen Philosophie Carl Schmitts", en Neuwied am Rhein, Luchterhand, 1964, p. 7 cit. por Freund, Julien, "Vue d' ensamble sur l' œuvre de Carl Schmitt", *op. cit.*

[5] Véase Negro Pavón, Dalmacio, "Presentación" en *Estudios sobre Carl Schmitt*, Veintiuno, Madrid, 1996, p. 9 y ss.

[6] Por ello Tommissen señala que "es importante decir que Carl Schmitt no se ocupa en absoluto del problema de la política, sino del de lo político". Tommissen, Piet, "Contributions de Carl Schmitt a la Polemologie" en *Revue Européenne des Sciences Sociales*-Cahiers Vilfredo Pareto (número especial: "Miroir de Carl Schmitt"), N° 44, 1978, pp. 147 y 148.

[7] Entre ellas, Freund señala las siguientes publicaciones: Staat, Bewegung, Volk. Die Dreigliederung der politischen Einheit, 1933; Der Führer schützt das Recht, 1934 ("El Führer

Su adhesión es una actitud difícil de comprender aun para los más importantes estudiosos. No hubiera podido preverse ese resultado si se analiza su trayectoria académica, su producción científica previa,[8] su catolicismo y su amistad manifiesta con profesores e intelectuales judíos. Justamente, ello lo hizo sospechoso para las altas jerarquías del partido nazi, que lo consideraron un advenedizo y lo conminaron al silencio. Dice Armin Mohler en el ensayo que aquí presentamos:"… Carl Schmitt era consciente ya en 1933 de cuánto se habrían limitado las posibilidades de elección. Si no quería desmentir lo que había dicho sobre el liberalismo y el Estado, no le quedaba otra cosa por hacer más que intentar ubicarse dentro del consenso de los sitiados". La amplia recepción que ha tenido Schmitt en los países de habla hispana nos sitúa ante un lector interesado, todo lo cual nos exime de una mayor profundización en estos aspectos.[9]

Luego del 45, Schmitt fue detenido y enviado a un campo de internación norteamericano, interrogado y posteriormente enviado a la sede del

---

protege el Derecho" en, Orestes Aguilar, Héctor [comp.], *Carl Schmitt, teólogo de la política*, F.C.E., México, 2001); Staatsgefüge und Zusammenbruch des zweitten Reiches. Der Sieg des Bürgers über den Soldaten, 1934; Der Leviathan in der Staatslehre des Thomas Hobbes, 1938 (*El Leviathán en la Teoría del Estado de Thomas Hobbes*, Struhart y Cía., Buenos Aires, 1990); Völkerrechtliche Grossraumordnung mit Interventionsverbot für raumfremde Mächte, 1939; Positionen und Begriffe, 1940; Land und Meer. Eine weltgeschichtliche Betrachtung, 1942. Freund, Julien en "Vue d' ensamble sur l' œuvre de Carl Schmitt", en *Revue Européenne des Sciences Sociales*. Cahiers Vilfredo Pareto (número especial: "Miroir de Carl Schmitt"), N° 44, 1978. Hay una edición en español, *Vista de conjunto sobre la obra de Carl Schmitt*, Struhart y Cía., Buenos Aires, 2006.

[8] En 1932 se manifestó públicamente en favor de un sistema fuertemente presidencialista a fin de evitar el asenso al poder del nacionalsocialismo.

[9] Por ello, coincidimos con Freund cuando sostiene que el nacionalismo es la calve para entender por qué muchos intelectuales alemanes, al menos en la primera época, adhirieron al nacionalsocialismo. Freund, Julien en "Vue d' ensamble sur l' œuvre de Carl Schmitt", *op. cit.* El lector que no conozca en profundidad su vida y los rasgos de su compleja personalidad, tendrá la oportunidad de ahondar en ella a través de los artículos que aquí presentamos. Acerca de la recepción de Schmitt, puede consultarse Gómez Orfanel, Germán, *Excepción y normalidad en el pensamiento de Carl Schmitt*, Centro de Estudios Constitucionales, Madrid, 1986; Lucas Verdú, Pablo, "Carl Schmitt, Intérprete singular y máximo debelador de la cultura político-constitucional demoliberal" en *Revista de Estudios Políticos* N° 64, Madrid, 1989, pp. 25- 91; Herrero López, Monserrat, *El nomos y lo político: La filosofía política de Carl Schmitt*, Eunsa, Pamplona, 1996 y su bibliografía de y sobre Carl Schmitt; Guillén Kalle, Gabriel, *Carl Schmitt en España. La frontera entre lo político y lo jurídico*, ed. del autor, Madrid, 1996; Estévez Araujo, José A., *La crisis del Estado de Derecho liberal. Schmitt en Weimar*, Editorial Ariel, Barcelona, 1989; Negro Pavón, Dalmacio, (coord.), *Estudios sobre Carl Schmitt, op. cit.*; Pinto, Julio, *Carl Schmitt y la reivindicación de la política*, Editorial Universitaria, La Plata, 2000; Dotti, Jorge Eugenio, *Carl Schmitt en la Argentina*, Hommo sapiens, Rosario, 2000; Dotti Jorge y Julio Pinto, *Carl Schmitt. Su época y su pensamiento*, Eudeba, Buenos Aires, 2002; entre muchos otros.

Tribunal en Nüremberg en calidad de testigo y probable inculpado. En 1947 fue puesto en libertad absuelto de todo cargo, retirándose a Plettenberg, su pueblo natal. Hasta 1950 aislado y rechazado, publica alguno que otro artículo con seudónimos. A partir de ese año publica *Der Nomos der Erde (El nomos de la Tierra[10])*. En 1963, publica *Theorie des Partisanen (Teoría del Partisano[11])* en el que continúa los análisis sobre los temas que lo habían preocupado antes y durante la Guerra. En sus últimos años retoma a los temas de teología política, especialmente con la publicación de *Politische Theologie II (Teología política II[12])* donde insiste en la idea de que todos los conceptos que se imponen en la teoría moderna del Estado son conceptos teológicos secularizados.

Creemos que este alumno de Max Weber, considerado como el último clásico del pensamiento político moderno y digno sucesor de Hobbes, de Bodin y de la escuela alemana de los teóricos del Estado, merece una relectura *sine ira et studio*.

Ciertamente, Schmitt no fue un pensador sistemático;[13] pero en sus obras no hay ambigüedades. Un punto es claro: Schmitt no fue un liberal. A diferencia de otros juristas, no ha identificado la dimensión estatal con la política. Ello le permitió comprender la historicidad del Estado como una de las tantas formas históricas de la unidad política y la emergencia de su crisis.

Schmitt desarrolla la tesis de la crisis del Estado a partir de su tendencia a intervenir en todos los ámbitos de la vida social bajo una forma asistencial, debilitándolo como institución estrictamente política (Esta-

---

[10] Schmitt, Carl, *El nomos de la Tierra en el Derecho de Gentes del ius publicum europaeum*, Centro de Estudios Constitucionales, Madrid, 1979. Hay una nueva edición de 2003 en la editorial Comares.

[11] *Teoría del partisano, acotación al concepto de lo político*, Instituto de Estudios Políticos Madrid, 1966. Véase también nota 19.

[12] Orestes Aguilar, Héctor (comp.), *Carl Schmitt, teólogo de la política, op. cit.*

[13] Es por esta complejidad, y por razones de espacio, que no intentamos realizar una sistematización de sus obras, ya por temas o por períodos. Como dice Mohler en su ensayo "Schmitt y la Revolución Conservadora", en lugar de "períodos" , sería más indicado hablar de "pausa" en su pensamiento, porque Schmitt continúa reflexionando sobre el mismo tema pero en un plano distinto, en una nueva situación. Sin embargo, véase el intento de sistematización de Julien Freund en "Vue d' ensamble sur l' œuvre de Carl Schmitt", *op. cit.*

do total).[14] Esto llevaría a la identificación del Estado con la sociedad y a la aparición de dos fenómenos simultáneos pero en direcciones opuestas: la "estatalización" de la sociedad y su "despolitización".

Sin embargo el Estado liberal tampoco es la solución. La democracia necesita un pueblo homogéneo, capaz de definir su unidad y su diferencia con otra unidad política. De ahí que el liberalismo, que propende a un Estado limitado a ser árbitro de intereses divergentes, no sea la solución pues reinstaura el estado natural y el conflicto. El Estado —siguiendo a Hobbes— cumple una función ética evitando las guerras civiles o las amenazas del enemigo.[15] En verdad, las teorías liberales, bajo el amparo de conceptos apolíticos, de la moral, el derecho o la cultura, pretenden neutralizar lo político pero, subrepticiamente, continúan con la lucha política.

Evidentemente Schmitt no es un normativista; la norma es un hecho posterior a un acuerdo de voluntades políticas que tienen como objetivo la creación de un orden. Pero esa norma, ese orden, no puede ser nunca una barrera para la voluntad soberana y constituyente. El desorden no es una situación prevista —ni previsible— por el derecho; de ahí que para volver al orden se requiera de una voluntad no normada, esto es, ajurídica. Consecuentemente, expresa su conocida definición: soberano es aquel que decide en estado de excepción *(Politische Theologie)*.[16]

Pero a diferencia de Hobbes, la soberanía no se mantiene con el monopolio de la fuerza sino con el monopolio de la decisión del soberano. En verdad, el decisionismo en Schmitt no pretende instaurar un constante estado de excepción, sino la fundación de un orden político que se apoye sobre una voluntad constituyente que, por ser tal, es siempre válida.[17]

---

[14] El artículo "Die Wendung zum totales Staat" donde desarrolla este concepto aparece en *Positionen und Begriffe*, 1931 ("Hacia el Estado total" en *Revista de Occidente*, tomo XXIII, 1931, pp.140- 156). También lo desarrollará más ampliamente en *Legalität und Legitimität*. Debemos dejar en claro que si bien este concepto tiene una acepción negativa, por cuanto el Estado pierde su capacidad específica frente a los grupos de interés y de presión, también posee una significación positiva cuando implica la reconstrucción intensa y general de su autoridad política.

[15] Para Schmitt, el Estado es producto de la técnica, un mecanismo a gran escala para establecer una nueva forma de unidad política.

[16] "Teología política" en la colección de trabajos sobre Carl Schmitt, Estudios Políticos, Cultura Española, 1941; también hay edición de Struhart y Cía., 1985. Adviértase que, al igual que su criterio de lo político, la definición de soberanía resulta aplicable a toda unidad política porque no se circunscribe a ningún marco jurídico, no es válida únicamente para el Estado y variable según las circunstancias, además de no establecer ninguna titularidad.

[17] La excepción en Schmitt es también una categoría de análisis, pues parte de ella para el conocimiento de los hechos y su posterior conceptualización.

Por otra parte, no es posible caer en la irresolución del liberalismo porque no hay política sin decisión. Ataca al parlamentarismo y a los partidos políticos, ambos instituciones clave del liberalismo, por sustraer la soberanía al pueblo. En el referéndum ve la clave para que el pueblo resuelva por sí mismo las cuestiones de importancia.

En 1932 en su obra *Legalität und Legitimität (Legalidad y legitimidad)*[18], afirmará que los principios sobre los que se sustenta el gobierno parlamentario (discusión, publicidad y esfera pública) ya no son creíbles. Así, mientras que para su maestro, Max Weber, la estructura racional-legal aparece como la última y más perfecta forma de dominación, Schmitt afirmará claramente que el Parlamento, instrumento necesario para ese tipo de dominación, ha perdido sus pretensiones de legitimidad. En definitiva, Schmitt distingue claramente legalidad y legitimidad, que para la teoría liberal resultaban dos caras de una misma moneda.

Der Begriff des Politischen (El concepto de lo político),[19] publicado en 1932, es la más conocida de sus obras pero también se ha transformado en un cliché, en una simplificación de su complejo pensamiento.[20] Schmitt nos presenta en ella un criterio pragmático y universal de distinción para identificar el fenómeno específicamente político: un pueblo es una unidad política independiente sólo en el momento en que se opone, en nombre de su modo de entender esa unidad, a otras formas de unidades políticas. Por ello el criterio específico de la actividad política, "la distinción de amigo-enemigo", es un criterio dinámico, cambiante según las circunstancias y adaptable a casos concretos pero invariable en cuanto criterio.[21]

---

[18] *Legalidad y legitimidad*, Aguilar, Madrid, 1971.

[19] De *El concepto de lo político* pueden consultarse las ediciones de Alianza Editorial, Madrid, 1981 y Folios Ediciones, Buenos Aires, 1984, que incluye *Teoría del partisano* y Notas complementarias al concepto de lo político.

[20] Entre sus obras anteriores, destacan, *Politische Romantik*, 1919 (*Romanticismo político*, Universidad Nacional de Quilmes, Buenos Aires, 2001); *Die Diktatur*, 1921 (*La dictadura, Revista de Occidente*, Madrid, 1968 y Alianza Editorial, Madrid, 1985); *Die geistesgeschichtliche Lage des heutigen Parlamentarismus*, 1923 (*Sobre el parlamentarismo*, Tecnos, Madrid, 1990) y Verfassungslehre, 1928 (*Teoría de la Constitución*, Alianza Editorial, Madrid, 1982).

[21] Es cierto que la distinción amigo-enemigo se orienta al caso extremo, a una situación límite y que sólo en casos excepcionales puede explicitarse la continuidad de una enemistad, pero como señala Herrero López, Schmitt piensa en la esfera de lo político sólo desde la excepción. Herrero López, Monserrat, *El nomos y lo político... op. cit.*

Como hemos visto, la concepción schmittiana de la política supone al otro. De allí que, así como criticaba las pretensiones de las teorías liberales de neutralizar la política, en sus trabajos posteriores, como *Der Nomos der Erde*, fustigará las concepciones universalistas por conducir al mismo fin. La humanidad no puede ser sujeto político activo portador de un específico poder constitucional sino que es un concepto que sirve para criminalizar un conflicto y reintroducir en el *ius publicum Europaeum* el concepto de guerra justa que legitima el aniquilamiento del enemigo.[22] Como todo concepto genérico, el problema reside en quién tiene poder para darle contenido.[23]

La teoría de los grandes espacios (Grossraumordnung), que apareció en 1939 por primera vez, es la más conocida y criticada de la producción internacionalista del jurista de Plettenberg por ser, presuntamente, fuente de legitimación del expansionismo nacionalsocialista.

Sin embargo, continuó escribiendo sobre el mismo tema hasta los últimos años preocupado por hallar nuevos órdenes frente a la crisis del Estado. Schmitt encontró en el concepto de los grandes espacios una fuente concreta, jurídicamente fundada, para el ordenamiento espacial de las unidades políticas a partir de la caducidad del *ius publicum Europaeum*. En el concepto de Imperio Schmitt ve la nueva figura jurídico-política que supera la forma política del Estado sin caer en el universalismo impulsado por Estados Unidos.[24]

También la teoría de los grandes espacios supone el concepto del otro como componente esencial, esto es, supone la política, mientras que en las teorías imperialistas[25] o en las visiones universalistas el otro no existe: no hay política, sólo hay administración del orden.

---

[22] Como puede verse en su estudio "Gran espacio y unidad política del mundo. ¿Hacia un modelo neoimperialista?", Alessandro Campi discrepa con quienes —Freund entre ellos— sostienen que Schmitt se dedicó a los asuntos que conciernen al derecho internacional, en particular después de 1936, para huir de las censuras del ala más intransigente y fanática del nacionalsocialismo pues pueden hallarse esos temas también en los escritos de su primera época, aunque sin la sistematización que tendrán en *Der nomos der Erde*.

[23] *Caesar dominus et supra grammaticam* como ya sostuviera Schmitt en *Positionen und Begriffe im Kampf mit Weimar-Genf-Versailles 1923-1939* (1940). De ahí que fustigue la utilización de este tipo de conceptos, propio de las organizaciones internacionales inspiradas en convicciones morales.

[24] El análisis de la doctrina Monroe y su metamorfosis como instrumento de la política imperialista norteamericana tuvo en Schmitt a uno de los críticos más lúcidos.

[25] Para Schmitt el concepto de Imperio no coincide con el de imperialismo. Ejemplo de este último es la política exterior norteamericana, fundada en bases económicas y de alcance global.

En la visión de Schmitt, solamente del equilibrio de los grandes espacios continentales, políticamente independientes y culturalmente homogéneos,[26] puede surgir un orden del mundo nuevo y más justo.

El primer trabajo de esta colección pertenece a Julien Freund, cuya obra más importante —ya un clásico de la teoría política— *L'essence du politique*,[27] es tal vez, como ha dicho Alessandro Campi, la más lograda tentativa de desarrollar, en el marco de una teoría general de la política, la intuición schmittiana acerca de la diferenciación amigo-enemigo como criterio fundamental de lo político.[28]

Julien Freund, hijo de un obrero ferroviario de militancia socialista y de una campesina lugareña, nació en la Lorena francesa. Ingresó en la Universidad de Estrasburgo matriculándose en la Facultad de Filosofía. Derrotada Francia en 1940, se incorporó de inmediato en las primeras formaciones de la Resistencia. Fue encarcelado y después de pasar por distintos campos y prisiones, logró fugarse en 1944 de la fortaleza de Sisteron, uniéndose a los resistentes comunistas del "Franc-Tireurs et Partisans Français". Tras la liberación, ingresó en el socialismo pero abandonó pronto esa militancia por los egoísmos y los vicios de las prácticas electoralistas de la época.[29]

Dedicado exclusivamente a la docencia e investigación, se doctoró con la dirección de Raymond Aron y su tesis, con el nombre "La esencia de lo político", fue publicada en 1965. Enseñó durante casi veinte años en la Universidad de Estrasburgo hasta 1981, dedicándose luego a la investigación y producción científica de manera independiente hasta su muerte en 1993.[30]

En el texto que aquí presentamos, Freund desarrolla las líneas clave del pensamiento de Carl Schmitt. La historicidad del Estado, su evolución hacia el "Estado Total", su crítica al liberalismo, el reconocimiento de las prerrogativas del Estado, el criterio político amigo-enemigo, el de-

---

[26] Ciertamente, Schmitt sabe que no sólo es acumulación de espacios, sino que es necesario encontrar un principio de legitimación que, desde su visión, está basado en la nación e impregnado de nacionalismo.

[27] *La esencia de lo político*, Editora Nacional, Madrid, 1968.

[28] Campi, Alessandro, "In memoriam Julien Freund (1921- 1991)" en Revista *Futuro-Presente*, N° 3, Perugia, 1993.

[29] Corbetta, Juan Carlos, "La política y lo político. De Carl Schmitt a Julien Freund" en Dotti Jorge y Julio Pinto, *Carl Schmitt. Su época y su pensamiento, op. cit.*

[30] Sólo deseamos agregar y destacar en su carrera la creación del Instituto de Polemología en Estrasburgo y, dentro de su vasta obra, su *Sociologie du conflit* de 1983.

recho y los grandes espacios son los temas aquí lúcidamente abordados. Sobre este último concepto, el criterio político amigo-enemigo, Freund se detiene a estudiar algunas de sus implicancias: su aplicación a la política interna, su significado concreto y existencial, su carácter específicamente político y colectivo.

Freund toma una clara posición. Para él, Schmitt no fue un apologista del Estado desde el momento en que fue capaz de ver su desaparición sino un defensor de un Estado políticamente fuerte, en grado de asumir las propias obligaciones, sin dispersar energías en actividades no políticas. El Estado sólo debe intervenir cuando la política sea cuestionada por la economía, la religión, el arte, etc., ya que su intervención indiscriminada en esos ámbitos le hace perder su autoridad. Freund destaca la preocupación que Schmitt tenía por la proliferación de poderes indirectos que dan una falsa imagen de la política y que también debilitan al Estado y a la sociedad misma.

Analiza las grietas del pensamiento liberal a través de su concepto de la ley como norma general e impersonal y al referéndum como instrumento de liberación frente al monopolio de la representación de los partidos en el Parlamento. Por último, se detiene en los cambios que Schmitt advierte en las relaciones internacionales: *Grossraum, justus hostis* y el concepto de guerra.

Culmina su artículo afirmando que, por ir en contra de las corrientes de pensamiento del momento, Schmitt fue sometido a proceso por los intelectuales y sin embargo, no es posible desconocer la calidad de sus obras aunque se esté en desacuerdo con sus opciones prácticas.

El siguiente trabajo es de Alessandro Campi. Titulado "Gran espacio y unidad política del mundo. ¿Hacia un modelo neoimperialista?" analiza los conceptos claves de la producción internacional de Carl Schmitt.

Campi es actualmente profesor asociado de Historia de las doctrinas políticas en el Departamento de Filosofía de la Universidad de Perugia y una de las mentes más lúcidas del pensamiento político italiano. Autor de numerosos libros y artículos científicos, no sólo ha estudiado la trasformación que, en el Novecento, han tenido los regímenes democráticos representativos o la evolución de conceptos claves como el de nación; en su producción se destaca la investigación sobre temas y autores relacionados con el movimiento político que se identifica con la "derecha" italiana y europea y la reconstrucción de la historia del pensamiento político definido tradicionalmente como "realismo político".[31] Desde 1993 a 1997 ha dirigido la Revista *Futuro-Presente* (Perugia) —donde originalmente aparecieron publicados los artículos que aquí presentamos recopilados— y desde 1996 es codirector de la revista semestral de Ciencia Política y Social *Studi perugini.*

Campi ha trabajado la figura de Carl Schmitt en varios artículos científicos y presentaciones de sus obras.[32] Como hemos señalado anteriormente, el profesor italiano estudia en este ensayo los aportes de Schmitt al análisis del orden internacional: la elaboración de una teoría del nomos de la tierra, la visión de un nuevo orden entre los Estados, el análisis de las transformaciones en el concepto de guerra, la crítica al imperialismo y al (falso) pacifismo de los organismos supranacionales inspirados en la universalidad y en un concepto discriminatorio de la paz. Todos ellos son conceptos polémicos pero de una increíble vitalidad para explicar el mundo actual.

Ciertamente es la teoría de los grandes espacios la que le valió a Schmitt el mote de ideólogo del nuevo derecho internacional anhelado por Hitler. Sin embargo, como señala Campi, los críticos no se han detenido a considerar esa teoría como "… la única tentativa schmittiana de imaginar nuevas formas alternativas para el Estado", en decadencia luego del primer conflicto mundial.

Luego de demostrar que los temas del pensamiento internacional se encuentran presentes desde sus más tempranas obras, Campi desarrolla la crítica realizada por Schmitt durante el transcurso de los años treinta a la Sociedad de las Naciones, crítica también aplicable a la ONU, pues es común a ambas experiencias la aspiración a la universalidad y a la unificación política del mundo. Expone luego la crítica a la pretensión anglosajona de negarle carácter político a los hechos y a los conceptos

---

[31] Entre sus libros más conocidos podemos citar *Schmitt, Freund, Miglio. Figure e temi del realismo politico europeo*, Akropolis, Florencia, 1996; *Mussolini*, Il Mulino, Bolonia, 2001; *Il ritorno (necessario) della politica*, Antonio Pellicani Editore, Roma, 2002; *Il nero e il grigio. Fascismo, destra e dintoni*, Ideazione Editrice, Roma, 2004; *Nazione*, Il Mulino, Bolonia, 2004, con una edición en español con el título *Nación. Léxico de política*, Ediciones Nueva Visión, Buenos Aires, 2006.

[32] De los artículos y presentaciones a la obra de Carl Schmitt podemos citar "Introduzione" y "Nota bibliografica" a *Schmitt, Carl, Scritti politico-giuridici.* 1932-1942, Bacco & Arianna, Perugia, 1983; "Introduzione" y "Carl Schmitt in Italia. Una bibliografia: 1924-1993" en *Schmitt, Carl, L'unità del mondo e altri saggi*, Antonio Pellicani Editore, Roma, 1994.

económicos. Justamente, éste es uno de los rasgos típicos de la política exterior norteamericana que, esencialmente económica, no por ello deja de ser considerada como una evolución histórica y conceptual de los imperialismos clásicos.

Campi explica brillantemente cómo Schmitt encuentra en la doctrina Monroe (simple declaración unilateral) un instrumento jurídico y luego político de la expansión norteamericana. También sigue el desarrollo schmittiano de las transformaciones sufridas por el concepto de guerra a partir de la Edad Media y cómo la guerra-duelo, no discriminante del *ius publicum Europaeum*, pierde sustento con la introducción de principios humanitarios en el Derecho Internacional. Ello no implica sólo que la guerra sea ahora tratada como crimen internacional sino que se elimina el principio de que el enemigo también puede tener razón y se desvanece el *ius publicum Europaeum*.

Como señala Campi, la guerra del Golfo expresó de la mejor forma posible la imposición definitiva de un nuevo concepto de guerra que despoja al respectivo concepto de paz de su significado eminentemente político.

El próximo trabajo de este libro es el de Xavier Marchand, quien ha escrito varios artículos como colaborador de las revistas *Krisis* y *Éleménts*[33] y publicado "Carl Schmitt, René Capitant et les doctrines institutionnelles" (París, 1992).

En el artículo que se incluye en esta colección Marchand investiga los puntos en común que existen en la obra de René Capitant y en la de Carl Schmitt a través del análisis de sus respectivas críticas al sistema parlamentario y el funcionamiento de la democracia. En verdad parecería difícil establecer vínculos entre personalidades tan diferentes: entre el profesor francés de derecho público, "gaullista de izquierda", político con una vertiginosa carrera pública, y el profesor alemán de derecho público, conservador, que luego de la Segunda Guerra y antes aún, se limitó a escribir para un público muy selecto. Pues bien, no sólo Schmitt y Capitant se conocieron en Berlín antes de la guerra sino que coincidieron también en muchos temas doctrinales, no obstante la diversidad de sus opiniones personales: el interés común por Hobbes, su crítica al normativismo jurídico y su apoyo a la elección por sufragio universal del Presidente (tanto

---

[33] En esta última ha escrito los siguientes artículos: "La dernière charge de Jean Cau"; "La loi du fric"; "Défense de la Ve. République"; "Jean Cau, le croqueur de mémoire".

del Reich como de la República). Y como puede verse en el esclarecedor artículo de Marchand, la obra de Schmitt tuvo gran influencia sobre la de Capitant, especialmente en su proyecto de constitución que tanta importancia tuvo después para la V República de de Gaulle.

¿Cómo salvar a Weimar del ataque conjunto de dos extremismos, el comunista y el nacionalista? En los acontecimientos de Weimar Schmitt y Capitant vieron un caso evidente de contraste entre legalidad institucional y legitimidad política. Y dado el rechazo de ambos al normativismo, les parecía claro que el Presidente del Reich representaba el poder legítimo más alto para restaurar el orden más allá del texto de la Constitución de Weimar. Ambos autores supieron diferenciar el parlamentarismo de la democracia e identificaron al primero con el liberalismo económico y el individualismo y opuesto al principio democrático.[34]

Tras los pasos de Weber, Schmitt y Capitant denuncian las debilidades del parlamentarismo y de la democracia "mediata", auspiciando un cambio de las modernas democracias de masas a través del referéndum, por ser el mejor instrumento constitucional para legitimar las modernas democracias de masas y favorecer una mayor participación en la política en los procesos de decisión.

Las críticas de Schmitt al Parlamento son agudas. En primer lugar, se dirigen al concepto de representación. Razones prácticas sitúan en el Parlamento la representación nacional, pero esta ficción también podría funcionar depositando en una sola persona la representación de todo el cuerpo sin dejar por esto de ser democrática. Además, la práctica está muy lejos de la teoría. Los diputados no actúan sólo como representantes de la Nación, antes está su circunscripción y su partido. Por último, no ven que el Parlamento sea una institución activa para el progreso social; por el contrario, los acontecimientos más importantes no tienen su origen en la discusión parlamentaria. En conclusión, el antiparlamentarismo democrático es una nota común.

Destaca Marchand que nuestros autores coincidieron en que el Parlamento no debería detentar con exclusividad la función legislativa, pues ello llevaría a un cogobierno. Su función —siguiendo el modelo del Parlamento

---

[34] Así, aunque el parlamentarismo está asociado con la democracia representativa, puede existir un parlamentarismo sin democracia. Tanto Schmitt como Capitant consideraban que la teoría de la representación se opone al principio democrático.

británico— debería ser la de control: aprobar, enmendar la dirección del gobierno, remover de su cargo a los ministros y rechazar los proyectos de ley.

En este aspecto de su pensamiento posiblemente sea Rousseau, el primero en advertir las insuficiencias de la representación parlamentaria, el origen común para estos dos autores, críticos del liberalismo y la burguesía.

El aporte de Armin Mohler, autor de una obra ya clásica sobre la Revolución conservadora alemana, ayuda a comprender un poco más la compleja personalidad de nuestro autor.

Como secretario de Ernst Jünger, conoció desde dentro la compleja corriente político-cultural llamada Konservative Revolution o Revolución Conservadora Alemana a la que pertenecieron pensadores de la talla de Oswald Spengler, Arthur Moeller van den Bruck, Ernst Niekisch, Werner Sombart, Ernst von Salomon, Friedrich Jünger y el propio Ernst Jünger, entre otros.

Si el nacionalismo, el rechazo al liberalismo decimonónico y a la Revolución Francesa y la búsqueda de situaciones dignas de ser conservadas son notas salientes de la Revolución Conservadora, ¿no debería incluirse a Schmitt como parte de esta elite intelectual? Mohler, quien fuera doctor en filosofía y docente de Ciencias Políticas en la Universidad de Innsbruck, responde brillantemente esa pregunta en su artículo "Schmitt y la Revolución Conservadora".

Como aclara este teórico del neoconservadorismo alemán, la respuesta no es fácil porque la personalidad y el pensamiento de Schmitt es difícil de clasificar.[35] En la obra de Schmitt hay un fuerte sentimiento antinietzscheano, verdadero padre de la Revolución conservadora. Pero como aclara Mohler, Schmitt llega a iguales resultados por caminos diferentes. Es cierto que el Schmitt constitucionalista de la primera época no es un típico representante de ese pensamiento. Pero a través de la visión del posmodernismo, ese retoño salvaje de la Revolución conservadora —como lo llama Mohler—, se habría verificado el reingreso del pensamiento de Schmitt luego de la Segunda Guerra mundial en la República Federal de Alemania.

---

[35] Mohler conoció y se entrevistó varias veces con Schmitt, pero éste nunca efectuó una declaración explícita en relación con su pertenencia a la Revolución conservadora.

Según su tesis, con su formulación de un pensamiento basado en un ordenamiento concreto, no sólo Carl Schmitt sentó las bases de la Revolución conservadora sino que anticipó con una sensibilidad digna de algo milagroso el discurso sobre la intensidad del posmodernismo, que hoy en día se consolidó como núcleo de esa ideología.

El último trabajo de esta colección pertenece a Ellen Kennedy, uno de los mayores especialistas en idioma inglés acerca de la producción teórica de Schmitt. Actual profesor de Ciencia Política en la Universidad de Pensilvania[36], ha publicado la traducción al inglés de la obra de Schmitt *Die geistesgeschichtliche Lage des heutigen Parlamentarismus (La crisis del parlamentarismo)*.[37] Su último libro, *Constitutional Failure. Carl Schmitt in Weimar*, de reciente aparición, es una de las más lúcidas y sugerentes interpretaciones sobre la República de Weimar y sus relaciones con el constitucionalismo, la economía política y la democracia.

Kennedy aborda la relación de Schmitt con la Escuela de Frankfurt, corriente de pensamiento que tuvo su origen en el Institut für Sozialforschung (Instituto de Investigación Social) de la Universidad de esa ciudad, donde convergieron disidentes marxistas y severos críticos al capitalismo.

Deteniéndose en los vínculos de Schmitt con alguno de sus más grandes representantes, Adorno, Horkheimer, Benjamin, Neumann, Kirchheimer, Marcuse y Habermas, Kennedy se pregunta si Schmitt no fue padre e inspirador de la Teoría Crítica de la Escuela de Frankfurt e, indirectamente, de los movimientos radicales antiliberales surgidos en Europa a fines de los años sesenta.

La izquierda alemana pronuncia su nombre con mucha cautela o ni siquiera lo pronuncia, pero como lo demuestra en el artículo, Schmitt ha tenido una enorme influencia sobre ella y esto se percibe en los trabajos de Walter Benjamin y Otto Kirchheimer y posteriormente en los de Habermas.[38]

---

[36] Con anterioridad, desempeñó su cargo docente en las universidades de Londres (1987-1988), York (1977-87) y Manchester (1975-77).

[37] Esta obra, publicada en 1985, ya ha tenido cinco reimpresiones.

[38] Como menciona Kennedy, la influencia de Schmitt en la Teoría Crítica ha sido siempre fuente de incomodidad y de reticencias. Así, Adorno eliminó de la correspondencia de Benjamin todas las referencias a Schmitt. Marcuse, por su parte, presentó la crítica al liberalismo de Schmitt como la expresión del pensamiento totalitario, olvidando voluntariamente las analogías entre aquella crítica y las propias posiciones de la Escuela de Frankfurt.

Es cierto que ninguno de ellos compartió los valores y los objetivos políticos de Schmitt, pero la crítica común respecto del liberalismo y el escepticismo hacia la democracia liberal los vincularon. En efecto, la teoría de izquierda es antiliberal, pero la crítica más coherente jamás realizada en este siglo respecto de las instituciones liberales —según Kennedy— fue desarrollada por Schmitt.[39]

En los años de Weimar, los análisis schmittianos fueron tomados como propios tanto por los reformistas socialdemócratas (Neumann) como por los radicales de izquierda (Kirchheimer). Común a estos autores era el rechazo de la dualidad instaurada en la Constitución de Weimar, indecisa entre el respeto a la legalidad y una concepción formal de la democracia, y la atracción por la legitimidad y una visión sustantiva de la democracia.

Schmitt, Neumann y Kirchheimer —observa Kennedy en su ensayo— estaban de acuerdo con la indecisión fundamental de la Constitución de Weimar en relación con el conflicto entre capital y trabajo. Pero mientras Schmitt vio en su resolución la condición previa para la supervivencia de la República, en contraposición a Neumann y Kirchheimer, rechazó las soluciones socialistas y comunistas.

La colaboración de Schmitt con los nazis consolidó actitudes como la de Marcuse, negándole su lugar en la génesis intelectual de la Escuela de Frankfurt. Sin embargo, aunque oculto por la propia censura de los intelectuales alemanes de izquierda, permaneció como fuente de la crítica al liberalismo. Sólo la nueva generación de esa corriente, especialmente con Jürgen Habermas, encontró nuevamente en la teoría política de Schmitt un reservorio de conceptos para el análisis del Estado en la sociedad industrial.

El artículo finaliza destacando cuán importante fue, y cuánto lo es todavía, el período de Weimar para el desarrollo del pensamiento político

---

[39] Como resume Kennedy, la crítica de Schmitt al liberalismo es implacable: la burguesía es frívola e indecisa. De esto se deduce que (a) la democracia liberal es una forma política burguesa que depende del compromiso, (b) que el compromiso dentro de tal sistema es tácticamente o explícitamente redefinido como falso o formal, (c) que las constituciones liberales son construcciones políticas indecisas que jamás resuelven, de un modo sustancial, las pretensiones materiales de igualdad. Por otro lado, la democracia, que supone la identidad de gobernantes y gobernados, desafía la legitimidad del gobierno liberal (gobierno de la mayoría, discusión parlamentaria y orden público). La democracia liberal es inseparable de las instituciones del Estado constitucional burgués, garante funcional y normativo de esa sociedad liberal. Finalmente, legalidad y legitimidad no son idénticas como afirma la teoría liberal, sino dos conceptos diferentes e, incluso, contradictorios.

alemán. Tanto la derecha como la izquierda, en su rechazo de la democracia parlamentaria y representativa, pensamiento tan característico en la Alemania moderna, encontraron en Schmitt una fuente inagotable de inspiración.

Por último, queremos expresar nuestro sincero agradecimiento y nuestra deuda con el distinguido profesor de la Universidad de Perugia Alessandro Campi, ya que sin su cooperación y su generosidad este trabajo no hubiera sido posible.

Juan Carlos Corbetta y Ricardo Sebastián Piana
Buenos Aires, Noviembre de 2007.

Las líneas clave del pensamiento político de Carl Schmitt

Julien FREUND

Carl Schmitt ha sido lo que en alemán se define un *Staatsrechtler*, es decir un especialista en derecho público, y por lo tanto, también en derecho constitucional y en derecho internacional. Él le otorgaba mucho valor a esta delimitación de su actividad intelectual. Su fuerza intelectual deriva precisamente del hecho de haber superado el ámbito de su especialización para preguntarse sobre el fenómeno político globalmente entendido, considerado tanto en sus particularidades estatales como en sus determinaciones generales. Esto no le ha impedido, en lo más mínimo, reflexionar al mismo tiempo sobre la naturaleza del derecho, como por ejemplo en su escrito dedicado a los tres modos diferentes de entender el derecho (cf. *Die drei Arten des rechtswissenschaftlichen Denkens, Hanseatische Verlagsanstalt*, Hamburgo, 1934): según que éste último éste basado en una norma, en una decisión o en un ordenamiento, y según contemple una línea de conducta, una sentencia o en un instrumento de organización. Cada uno de estos modos no depende exclusivamente de los otros. Schmitt afrontó también otros argumentos de naturaleza literaria, religiosa, científica y filosófica. Nuestro objetivo en este ensayo es el de detenernos, en particular, en el tema esencial de su obra: la visión política de un jurista.

Carl Schmitt basó sus análisis en el problema del Estado, entendido como la forma moderna de la unidad política. Con esto debe entenderse que el Estado es una construcción histórica, surgida en una cierta época histórica, precedida entonces por otros tipos de unidad política, y que corre el riesgo de deteriorarse en algún momento para cederle el lugar a un nuevo tipo de unidad. Esto representa, entonces, una realidad política específica, que no puede extenderse a todo el universo histórico de la política, como una institución universal y perenne, representativa de la política pasada, presente y futura. Por esta razón, es impropio definir como Estado a la polis griega o al Sacro Imperio romano-germánico. Es necesario evitar el error que consiste en identificar la dimensión estatal con la política, como es típico de numerosos juristas contemporáneos de Schmitt, los cuales desarrollan su concepción política bajo la forma de una teoría general del Estado. Desde este punto de vista, la frase que abre el célebre ensayo *Der Begriff des Politischen* (1932) es determinante: "El concepto de Estado presupone el de lo político". En otras palabras, no se puede explicar la política a partir del Estado, sino por el contrario, el Estado a partir de lo político: "En general, lo político es asimilado, de una manera u otra a lo estatal o, como mínimo, se refiere al Estado. Entonces el Estado aparece como algo político, y lo político como algo estatal: se trata claramente de un círculo vicioso" (ibid.). De esto se deduce que, si bien la literatura política ofrece múltiples definiciones de Estado, algunas de ellas pertinentes, no se encuentran, por el contrario, más que algunos pocos estudios dedicados al fenómeno político en general.

Nada que objetar a este modo de proceder típico de los juristas, en la medida en que la práctica jurídica actual está obligada a relacionarse, por la fuerza de los acontecimientos, al Estado, el cual representa el marco institucional de referencia. El derecho políticamente vigente es un derecho estatal, dentro de los límites de los regímenes constitucionales vigentes y de los gobiernos que se suceden en el poder. Es normal, por lo tanto, que los juristas afronten el tema de los grupos sociales y de las asociaciones, en sus relaciones con la política, desde el punto de vista del Estado. Las formulaciones de este tipo "que responden a las exigencias de la práctica jurídica buscan, en sustancia, sólo un pretexto práctico para la delimitación de los diferentes casos concretos que se presentan en la práctica jurídica dentro de un Estado; éstas no tienden a ser, por cierto, definiciones generales de lo político. Por lo tanto duran, con relación al Estado o a lo estatal, sólo hasta que el Estado o las instituciones estatales puedan ser consideradas como algo estable o previsto" (ibid.). Por el contrario, esta actitud deja de tener validez cuando el jurista cree poder reducir enteramente lo político a lo estatal, considerando que lo primero desborda inevitablemente a lo segundo. En este caso, "comparar lo estatal con lo político es incorrecto y erróneo" (ibid.), por la simple razón de que en las sociedades modernas existen procesos políticos irreductibles a la dimensión estatal únicamente.

La evolución hacia el "Estado total"

En cuanto configuración histórica, el Estado no dejó de evolucionar desde el momento de su aparición en la época del Renacimiento. No permaneció fijo en su forma originaria de Estado absoluto del siglo XVII. Efectivamente, bajo la influencia del liberalismo, se transformó en una instancia de neutralización durante el transcurso del siglo XIX. Aún hoy se lo considera del mismo modo, por ejemplo en el caso de los conflictos sociales. Una capacidad de neutralización que fue acentuándose en nuestros días a causa, creemos, de la preponderancia creciente de la técnica. En realidad, la técnica no es una actividad neutral; por su naturaleza misma, ésta se manifiesta como el conjunto de los medios necesarios para la obtención de los fines que ella misma lleva a cabo. Por lo tanto, no debe sorprender el hecho de que el Estado utilice la técnica como un instrumento de dominio. Lo que sorprende en mayor medida es su enésima evolución hacia aquello que Schmitt definió como el "Estado total" (cf. Die Wendung zum totalen Staat [1931] in *Positionen und Begriffe, Hanseatische Verlagsanstalt*, Hamburgo, 1940). Contrariamente a algunas interpretaciones, no se trata de una teoría del Estado totalitario, sino de la constatación de un desarrollo en el sentido del hiperestatismo, es decir, de que el Estado hoy tiene la tendencia de intervenir en todos los ámbitos, económico, cultural o de otro tipo, bajo la forma de un Estado asistencial. Éste no se ocupa solamente de la política, sino que tiende a invadir todos los sectores de la vida social. De este modo se corre el riesgo de provocar una identificación entre Estado y sociedad. Schmitt piensa que tal evolución puede debilitar el Estado, ya que su razón de ser se encuentra precisamente en la incapacidad del Estado de permanecer en la categoría de institución puramente política. El Estado total tiene buenas chances de instaurarse en los países que tienden hacia la "democracia de masas", mientras que el pluripartidismo representa un obstáculo y un freno al desarrollo de un Estado totalitario que imite el modelo soviético o fascista.

Es indudable que la teoría schmittiana del Estado total presenta ambigüedades, considerando que deja abiertas dos opciones opuestas: la del debilitamiento político del Estado y la de su consolidación. El paso hacia el Estado total puede estar determinado por la concentración del poder en manos de un partido único, o mejor dicho, por la invasión de la sociedad entera, implementada con el apoyo de un Estado social y tutelar que se encubre en una democracia cada vez más intervencionista. Es por esta razón que no comparto la opinión de algunos adversarios de Schmitt que quieren hacer de él una suerte de apologista del Estado, como si él hubiera sido un partidario de la fórmula: "cada vez más Estado". Su posición, me parece, fue la de un defensor de un Estado políticamente fuerte, en grado de asumir las propias obligaciones, sin dispersar las propias energías en actividades no políticas. El solo hecho de ver en el Estado una configuración histórica, susceptible de desaparecer a la par de cualquier otra constelación política, contrasta con todas las interpretaciones que hacen de Schmitt un cultor del Estado. El Estado no es la última palabra de la política, éste presupone lo político, no obstante su actual omnipresencia en la vida social. Desde el momento en que el Estado, indudablemente, representa la estructura política fundamental moderna, conviene que desarrolle a fondo su rol, en vez de reducirse a la impotencia, extendiendo sus competencias hacia dominios que no le son propios. En las conversaciones que he tenido con él, Schmitt empleaba a menudo los términos *unterwühlt, unterminiert*, entendiendo con esto no sólo que se está a punto de desplazar la autoridad estatal de su lugar supremo, no obstante su omnipotencia externa, sino también que ya se puso en marcha un dispositivo con efecto retardado, destinado a hacerla desaparecer lenta y progresivamente.

La posición de Schmitt no es la de un liberal; esto él jamás lo ocultó. Conviene entonces precisar los términos exactos de su concepción. En su estudio de 1930, *Das Problem der innerpolitischen Neutralität des Staates* (retomado en *Verfassungsrechtliche Aufsätze*, Duncker & Humblot, Berlín, 1958), Schmitt recuerda que en la sociedad industrial moderna, en la cual las cuestiones económicas determinan en gran parte la política interna y exterior, la doctrina liberal del Estado neutral, limitado solamente a las funciones diplomáticas y militares, representa un anacronismo. Su demostración hace referencia, principalmente, a un argumento que representa el núcleo mismo del liberalismo: el nacimiento de las asociaciones libres de todo tipo. Bajo el impulso de los sindicatos y de las asociaciones de los trabajadores, los conflictos sociales ya no se desarrollan solamente en el terreno económico, sino que adquieren un valor político; en este estado de cosas, sería verdaderamente incomprensible que el Estado, con el pretexto de su neutralidad y pasividad, dejara el campo libre a las asociaciones que lo cuestionan políticamente hablando. Por esta razón Schmitt arremetió contra las teorías que predicen la despolitización de la sociedad (es el caso de la teoría pluralista de Lasky), afirmando que el Estado es una asociación entre tantas otras que actúa junto a otras asociaciones, sin responsabilidades específicas, cuya situación es idéntica a la de otras asociaciones económicas o culturales. "Que los contrastes económicos se hayan transformado en políticos —escribe Schmitt, casi a modo de conclusión en *Der Begriff des Politischen*— y que haya podido surgir el concepto de posición de poder económica, indica sólo que la culminación de lo político puede ser alcanzada a partir de la economía o de cualquier otro sector de la realidad. Siguiendo este modelo, nació la expresión tan a menudo citada por Walther Rathenau, según la cual hoy el destino no es más la política, sino la economía. Sería más correcto decir que, ahora como antes, el destino continúa siendo representado por la política, pero que mientras tanto solamente ocurrió que la economía se transformó en algo político y por lo tanto, también en destino" (ibid.).

La idea de Schmitt puede ser resumida en estos términos: el Estado representa la instancia política suprema, indispensable para cualquier sociedad actual; como tal, tiene el deber de intervenir siempre que la política sea cuestionada por la religión, el arte o la economía. Si interviene en la economía, el Estado no debe hacerlo como si fuera un empresario, al cual le corresponde en cambio la competencia económica, sino como un organismo político hoy en día continuamente estimulado por la economía. Dicho en otras palabras, si la política no puede reemplazar a la economía, el Estado en cambio puede intervenir políticamente si la situación así lo requiere. Teniendo injerencia en la esfera de la economía y de lo social, del mismo modo que un industrial o que una sociedad de socorros mutuos, el Estado se arriesga a debilitarse por esta inoportuna dispersión de energías; por el contrario, éste demuestra su verdadera fuerza cuando toma decisiones políticas necesarias para los asuntos económicos y sociales en el momento en que la situación así lo imponga. Al mismo tiempo,

Schmitt no se deja influir por el moralismo típico del pensamiento liberal, que acusa al Estado de ser un instrumento de la violencia o un producto del vicio. Por el contrario, protegiendo a los ciudadanos de la violencia de las guerras civiles o de las amenazas del enemigo externo, el Estado, como ya había enseñado Hobbes, cumple una función ética. Todas las preocupaciones de Schmitt están dirigidas, entonces, hacia el reconocimiento de las prerrogativas del Estado, en grado de asumir las propias responsabilidades, sin por esto caer en la superstición del Estado omnívoro. De esto se deduce que, para comprender mejor la idea de Estado, no hay que limitarse a definirlo en términos exclusivamente jurídicos; es necesario, en cambio, hacerse una idea lo más lúcida posible de lo que constituye su presupuesto: el fenómeno político.

El criterio de lo político

Si nos atenemos al texto de Schmitt, en su escrito *Der Begriff des Politischen*, él no quiso definir la esencia de lo político, sino únicamente aclarar un criterio, es decir, un punto de referencia para identificar el fenómeno político. Este criterio reside en la distinción amigo-enemigo. No se trata, por lo tanto, de elaborar una teoría de la política ideal, sino de constatar a través de la experiencia que, desde que los hombres hacen política, siempre se han agrupado entre amigos dentro de una determinada comunidad (tribu, ciudad, imperio, Estado), con el fin de preservar la propia identidad de las amenazas de quienes intentaran oponérseles. Un pueblo existe políticamente sólo desde el momento en que se constituye en unidad política independiente y se opone, en nombre de su modo de entender la propia unidad, a otras formas de unidad. Este análisis schmittiano es hoy en día lo suficientemente conocido a grandes rasgos, por lo tanto no es el caso de exponerlo una vez más. Me parece preferible explorar las implicancias de esta concepción.

a) Sería erróneo ver en el par amigo-enemigo sólo un criterio de la política exterior. Los conceptos de la política interna, en la medida en que tengan un significado político y no meramente polémico, incluyen igualmente la discriminación entre amigo y enemigo. Es el caso, por ejemplo, de las nociones de república y democracia, que se oponen a otros regímenes combatiéndolos (a la monarquía y a la dictadura, respectivamente). El problema social, a su vez, en un tiempo no tenía nada de político, ya que se limitaba a la asistencia caritativa de los indigentes, los desheredados y los enfermos; esto se transformó en algo político desde el momento en que se dio lugar a un choque basado en las reivindicaciones de dos campos o de dos clases. La religión se transforma en algo político cuando combate contra otra religión, o bien cuando se confrontan dos modos diferentes de entender una misma religión, como en el caso de las guerras de religión del siglo XVI. Gran importancia tuvo la repercusión del irenismo en la noción de humanidad. "Apelar a la humanidad, monopolizar esta palabra: todo esto podría manifestar solamente —dado que no se pueden emplear términos semejantes sin obtener un cierto tipo de consecuencias— la terrible pretensión de que al enemigo se le quita la calidad de hombre, que éste debe ser declarado hors-la-loi y hors-l'humanité, y por lo tanto, que la guerra debe ser llevada hasta la extrema inhumanidad" (ibid.). En el caso límite, el concepto de humanidad sirve para criminalizar un conflicto, para hacer pasar al enemigo por un perverso desde el punto de vista jurídico. La política es universal en el sentido de que se la encuentra en cualquier parte del mundo, pero por su naturaleza implica un *pluriversum*, es decir una pluralidad de colectividades particulares e independientes, o de interpretaciones divergentes de una misma idea universal, se trate de la paz o del bienestar, sin lo cual la enemistad no sería posible. En el caso de la lucha entre la clase proletaria y la clase burguesa, el conflicto se transforma en algo inevitablemente político, sobre todo si se lo lleva a cabo en nombre de la desaparición del Estado: "Si dentro de un Estado el proletariado se apodera del poder político, nace entonces un Estado proletario, que no es una construcción política menor que un Estado nacional, o un Estado clerical, comercial o militar, o que un Estado burocrático o cualquier otra categoría de unidad política" (ibid.). Esto es así hasta que la noción de apolitismo se transforma también ésta en política, con el objetivo de desacreditar o de arruinar al propio adversario.

b) El par amigo-enemigo le da a la política su dimensión existencial desde el momento que, adoptando un carácter bélico, impone el problema de la vida y de la muerte. "Los conceptos de amigo y enemigo deben ser tomados en su significado concreto, existencial, no como metáforas o símbolos; éstos no deben ser mezclados, debilitados por concepciones económicas, morales o de otro tipo" (ibid.). Éstos determinan la existencia de un pueblo o de un Estado: "Hasta el momento en el cual un pueblo existe en el sentido político, es éste mismo quien debe decidir, al menos en el caso extremo —sobre cuya existencia también éste decide— la distinción entre amigo y enemigo. En esto consiste la esencia de su existencia misma. Si éste ya no tiene la capacidad o la voluntad de llegar a tal distinción, entonces deja de existir políticamente" (ibid.). La enemistad puede ser real, en el caso de un conflicto directo, o bien virtual, potencial, cuando se adoptan las medidas necesarias para salvaguardar la propia existencia política. "El enemigo es sólo un grupo de hombres que combate, al menos virtualmente, o sea sobre la base de una posibilidad real" (ibid.). Por lo tanto, la guerra no es más que el caso extremo de oposición entre amigo y enemigo. Ésta está presente también en la diplomacia y en los actos de la policía tendientes a mantener el orden: "Todo esto, sin embargo, no quiere decir en absoluto que la esencia de lo 'político' no es más que una guerra sangrienta, o que toda tratativa política debe ser una batalla militar, ni que cada pueblo es puesto constantemente en contra de cualquier otro con la alternativa de amigo o enemigo, y que la correcta elección política no puede consistir precisamente, en el hecho de evitar la guerra. La definición dada aquí de lo 'político' no es ni belicista ni militarista, ni imperialista, ni pacifista" (ibid.). Schmitt quiere decir que, en política, siempre es necesario razonar teniendo presente la eventualidad de una posible lucha o de un hipotético conflicto.

c) La discriminación entre amigo y enemigo es específicamente política. Por lo tanto, ésta no se deja confundir con la competencia económica, o con las controversias basadas en la diversidad de ideas. Es inútil, de todos modos, recurrir a la moral cuando el enemigo está decidido a venir a las manos. Sería igualmente erróneo si se concluyera que las diferencias o las discordias morales, económicas, religiosas, estéticas o científicas son absolutamente ajenas a la política. Por el contrario, éstas se convierten en algo político desde el momento en que la oposición es tan intensa que termina por separar a los adversarios en amigos y enemigos. Damos un ejemplo referido a la biología. La controversia puramente científica que puso a Lyssenko en contra de sus colegas, adoptó un significado político cuando alcanzó un grado de intensidad tal que empujó al gobierno soviético a eliminar físicamente a los adversarios de Lyssenko. En un marco semejante, la objetividad científica ya no contaba absolutamente. El pasaje hacia la política indica "el grado de intensidad de una asociación o de una disociación de hombres, cuyos motivos pueden ser de naturaleza religiosa, nacional (en sentido étnico o cultural), económica o de otro tipo, y pueden causar, en diferentes momentos, diversas uniones y separaciones" (ibid.). Poco importan las razones o los diferentes ámbitos de una oposición; ésta se transforma en algo político cuando el grupo determina la posibilidad de una prueba de fuerza.

d) La relación política no es interindividual, sino colectiva. El homicidio no tiene nada de político; no es más que una canallada, a menos que se trate de un atentado terrorista que tiene como objetivo el de desestabilizar un grupo o una colectividad. Con este propósito, Schmitt establece una diferenciación entre enemigo privado y enemigo público. Por lo tanto discute ciertos pasajes del Evangelio, invocado frecuentemente en nuestros días para extraer una doctrina de la paz política a partir de las parábolas de San Mateo y de San Lucas, que invitan a amar a nuestros enemigos. Este amor no se dirige a los miembros de otra comunidad política, sino a nuestro prójimo, a nuestros hermanos o a nuestros vecinos, con los cuales estamos en contacto directo y a los cuales podemos odiar personalmente. No es necesario, en absoluto, confundir los dos significados del término enemigo: el *inimicus* y el *hostis*. Y sólo al precio de una falsificación es que se puede invocar el Evangelio a favor del pacifismo, o de una doctrina política de la paz. El texto evangélico se refiere al enemigo privado, al que conocemos personalmente, no al enemigo público, al cual podemos combatir sin tener que odiarlo por este motivo. La doctrina evangélica "fundamentalmente no exige que se deba amar a los enemigos del propio pueblo, y que se los deba apoyar en contra de éste" (ibid.).

De este análisis de la configuración del amigo y del enemigo se destaca que cada política es fundamentalmente polémica, lo cual significa que ésta implica una lucha permanente que adopta el aspecto de guerra sólo en casos excepcionales. Y esto significa también que el estado de paz está caracterizado por tensiones, por rivalidades y antagonismos que, sin embargo, no adoptan la forma de un conflicto armado. Si bien el pacifismo se presenta como una doctrina de la paz, éste es intrínsecamente polémico a causa de la lucha que lleva a cabo sobre la base de la distinción virtual entre quien, en su opinión, milita a favor de la paz y quien la pone en peligro. Otros invocan nociones muy seductoras para justificar su lucha: la generosidad, la solidaridad, la justicia, la igualdad, etc. Para tomar conciencia de estas manipulaciones, es necesario que no permanezcamos prisioneros de los ideales normativos, optando en cambio por una actitud realista. Schmitt insiste sobre este propósito del carácter equívoco de la mayor parte de los conceptos políticos modernos. Por una parte, éstos se presentan como apolíticos bajo el amparo de la moral, del derecho, de la cultura, pero por otra parte están al servicio, clandestino digamos, de la lucha política. "Todas las contaminaciones de esta categoría de amigo y enemigo se explican sobre la base de la unión con alguna abstracción o norma" (ibid.). A causa de estos significados fluctuantes, la política actúa en dos planos diferentes: a veces se manifiesta en forma directa como política, otras veces utiliza otros caminos que, indirectamente, tienden a privarla de cualquier significado político. De este modo, en nombre de cualquier clase de "pureza", se trata de neutralizar y de despolitizar a los ciudadanos para poder, a partir de los buenos sentimientos, obstaculizarlos mejor políticamente.

La proliferación de los poderes indirectos

Quisiera destacar una diferenciación que le era familiar a Schmitt, a la cual él hace alusión frecuentemente en sus escritos, sin haberle dedicado sin embargo un capítulo especial: la diferenciación entre *potestas* directa y *potestas* indirecta, diferenciación que es posible relacionar primero con Hobbes y luego con Bellarmino. Ésta figura, de todos modos, en su famoso Hobbes-Kristall (cf. ibid.). Bellarmino designaba poder indirecto al poder del Papa, quien no ejercita directamente, a la manera de un rey o de un emperador, el propio poder sobre los sujetos a través del mando y de la obediencia, pero actúa a través de recomendaciones, llamados de atención y prohibiciones. No se trata de los conocidos, hoy en día, como "servicios secretos". Durante nuestros encuentros en Plettemberg, Schmitt retornaba a menudo sobre esta diferenciación, indicando como poder indirecto no sólo la influencia de las diferentes iglesias en el plano religioso, sino también la multitud de asociaciones culturales, educativas y de otra naturaleza que destilan, bajo la máscara de ideas aduladoras, una ideología destinada a capturar la buena fe de aquellos que las escuchan. Él se mostraba inquieto ante la proliferación actual de estos poderes indirectos, que dan una falsa imagen de la política, que debilitan la autoridad del Estado desde la base y terminan por desintegrar la mentalidad general y, a continuación, la sociedad misma.

Respecto de la diseminación de estos poderes indirectos, Schmitt no se hacía ninguna ilusión acerca del modo con el cual habrían sido recibidos sus análisis. Sabía que habrían tratado de descalificarlos, invocando precisamente las ideas humanitarias y generosas sobre la paz, el derecho y la moral. "Por esta razón, no les es difícil a los adversarios políticos de una teoría política declarar 'hors-la-loi' en nombre de algún sector autónomo de la realidad, el conocimiento y la descripción lúcida de fenómenos y de verdades políticas, señalándola justamente como no moral, no económica, no científica y, sobre todo —ya que esto es lo que cuenta políticamente— como una acción diabólica que debe ser combatida" (ibid.). La realidad política permanece: razonando todos sus adversarios en términos de amigo y enemigo, la única astucia de éstos consiste en negar, en sus discursos edificantes, la presencia de esa enemistad política que es, en cambio, la base de su retórica. Ellos especulan acerca de que, en su conjunto, los hombres son más propensos al encantamiento y a la seducción que al análisis positivo o, como dice Schmitt, a que ellos "privilegian la ilusión de una paz no amenazada". Sin embargo, la realidad es ineludible y precipita a un pueblo a la inexistencia política si éste se deja seducir por la negación del enemigo. "Sería tonto creer que un pueblo inerme tenga sólo amigos, y sería ridículo pensar que el enemigo quizá podría conmoverse por la falta de resistencia. Nadie cree posible que los hombres puedan conducir el mundo, por ejemplo, en un estado de moralidad pura, renunciando a toda productividad estética o económica; pero menos aún un pueblo podría ofrecerle a la humanidad un estado puramente moral o puramente económico renunciando a toda decisión política. Lo 'política' no desaparece del mundo por el hecho de que un pueblo ya no tenga la fuerza o la voluntad de mantenerse en la esfera de lo 'político': desaparece simplemente un pueblo débil" (ibid.).

Algunas temáticas destacadas

La originalidad de Carl Schmitt reside entonces en su voluntad en calidad de jurista, examinar el Estado dentro de sus características políticas, sin por esto dejar de lado el derecho. Para alcanzar este objetivo, él varió el ángulo visual, enriqueciendo la percepción jurídica gracias al discernimiento político. Sus esfuerzos se concentraron en el análisis de los regímenes (dictadura, parlamentarismo, democracia, sistema representativo), en los aspectos políticos y jurídicos de cada constitución, en los conceptos característicos de cada estructura estatal (potencia, legalidad, legitimidad, soberanía), en las ideas que animaron la vida política: romanticismo, marxismo, catolicismo, nazismo. En el mismo orden de ideas, Schmitt se interesó en una extensa serie de autores políticos, por ejemplo, Maquiavelo, Rousseau, de Maistre, Tocqueville, Proudhon, pero sobre todo contribuyó al redescubrimiento de Hobbes y de Donoso Cortés. Podemos darnos una idea de la totalidad de su obra consultando la minuciosa bibliografía organizada por Piet Tommisen. Para ilustrar aquí el agudo espíritu de Schmitt, me limitaré a tomar en consideración algún tema particularmente interesante.

El de la soberanía es un concepto clave del Estado moderno, no obstante el desacuerdo que existe sobre esta afirmación en nuestros días. De todos modos, los primeros teóricos de ésta, Jean Bodin y Hobbes, fueron también los primeros teóricos del Estado. Es comprensible que Schmitt, quien presentía la crisis del Estado moderno, haya consagrado una de sus primeras obras político-jurídicas a este problema, primeramente en un artículo aparecido en una colección miscelánea en honor de Max Weber, de quien fue alumno, y luego en una obra más sustanciosa titulada *Politische Theologie*. El título es en sí mismo significativo, gracias a la asociación de la noción de soberanía con las de política y teología. Desde entonces el tema de la teología política no dejó de preocupar a Schmitt, como lo prueba la última obra publicada en vida, *Politische Theologie II*. Destacamos finalmente que las numerosas críticas actuales, hostiles respecto de la noción de soberanía, pasan por alto con mucha ligereza la problemática política que ésta generó. De hecho es imposible comprender, si no están asociadas con la de soberanía, las nociones de nación, de independencia nacional, de no injerencia en las cuestiones de otro Estado, de descolonización, de reivindicación de las minorías étnicas e, indirectamente, de federalismo o de supranacionalidad. Este olvido de la dimensión política del concepto de soberanía se origina en una cierta restricción del espíritu que no ve en aquélla más que un concepto de derecho público.

Schmitt rompió con este enfoque, restituyéndole su valor político al concepto jurídico, siguiendo la línea de Hobbes y de Bodin. "Soberano —escribe— es quien decide sobre el estado de excepción". La totalidad de esta definición radica en la relación establecida entre estos dos términos, "decisión" y "estado de excepción", que los juristas tienden a obviar precisamente de sus reflexiones, en virtud de la naturaleza misma del derecho. Si esta eliminación es conforme a la naturaleza del derecho, no lo es, en cambio, respecto del desarrollo de la historia. Kelsen representaba, para Schmitt, el prototipo de la corriente del imperialismo del derecho. ¿No es quizás el autor de una teoría pura del derecho, de una teoría del derecho encerrado en sí mismo, quien depura el pensamiento jurídico de cualquier contaminación extrajurídica? Ahora bien, el derecho, recuerda Schmitt, ya no se sostiene por sí mismo, menos aún puede ser sostenido por el jurista puro, sino más bien por una voluntad política al margen del derecho. La teoría pura del derecho es, indudablemente, seductora desde el punto de vista intelectual, a causa de su idealismo en materia jurídica, pero no explica la realidad de la creación, de la validez del derecho, ni de su vocación en la sociedad. Lo jurídico es considerado como una relación objetiva, pero solamente porque existen análisis científicos del derecho vigente. En estos casos se deja de lado que la ciencia jurídica está basada en un derecho dado, mientras que el hombre político no legisla en virtud de los resultados de esta consideración científica, sino en virtud de las contingencias sociales. Schmitt no dejó jamás de repetir el axioma de Hobbes: *auctoritas non ventas facit legem*.

Incluso un Estado de derecho no funciona jamás según las prescripciones del derecho puro, por la simple razón de que está obligado a cumplir sus deberes políticos como Estado. Estas necesidades se imponen cualquiera sea su rótulo: liberal, socialista, conservador o progresista, a menos que éste acepte con anticipación el hecho de ser derrocado. La noción de soberanía lo pone en evidencia de manera sorprendente, ya que ésta cuestiona la política en relación con su modo de actuar en caso de situaciones extremas, cuando el derecho calla por la incapacidad da dar cualquier tipo de directiva. Si comprendí bien a Schmitt, los políticos o son audaces o bien se limitan a la impotencia siguiendo las obras que leen, lo cual significa siguiendo los escritos jurídicos, políticos, económicos y científicos que halagan sus opciones en lugar de aquellos que los invitan a una reflexión sobre el modo efectivo de actuar o de razonar. El diablo es una de las caras de lo divino o, para hablar en el lenguaje de la secularización, de lo sagrado.

A pesar de las disposiciones constitucionales que conciernen al estado de emergencia o al estado de sitio, así como la posibilidad de legislar por medio del decreto ley, estos procedimientos no constituyen situaciones excepcionales en el sentido pleno del término, ya que no son más que excepciones establecidas jurídicamente. Por su naturaleza misma, la situación excepcional es, desde el punto de vista jurídico y político, imprevisible: ésta nace espontáneamente durante el transcurso de los hechos como, por ejemplo, la capitulación a continuación de una guerra devastadora. ¿Qué texto jurídico puede invocarse en este caso, no sólo para inducir la voluntad política a la decisión, sino más simplemente para iluminarla? La situación excepcional no tiene un precedente cada vez que ocurre y, como tal, no es factible de ser sometida a lo jurídico, si bien las excepciones se reproducen sin interrupciones, pero siempre en otro contexto. Esta observación constituye el punto fuerte del análisis de Schmitt. Para un jurista, la excepción no puede ser más que una alteración que no debería verificarse, pero políticamente, ésta crea un estado de hecho que él debe dominar para no ser destruido. No se puede hablar en este caso de una laguna en el derecho que pueda colmarse con disposiciones apropiadas, ya que se trata más precisamente de una impotencia, de una incapacidad constitutiva del derecho. Si la situación excepcional requiere no de una norma sino de una decisión, es fundamental reconocer, por más jurista que se pueda ser, que acompañando a lo jurídico, hay toda una serie de esferas no jurídicas, de orden político, económico, religioso o científico que, para regular las protestas o los conflictos que las caracterizan, apelan a las propias normas y no a las del derecho, salvo en una segunda consideración. Efectivamente, una dificultad científica debe ser resuelta científicamente.

La situación excepcional se caracteriza, precisamente, por el hecho de huir de las normas; es, efectivamente, esta característica la que le confiere su carácter de excepción. Ésta se define como "la situación que no puede ser comprendida en el marco de otra más general" (*Politische Theologie*, Duncker & Humblot, Berlín 1934). Por otra parte, es importante controlar la excepción "con el fin de que el orden jurídico recobre un sentido" (ibid.). Las teorías jurídicas de la soberanía razonan como si el derecho pudiera autosuspenderse en el marco de las normas preestablecidas. En los hechos, en cambio, es el estado de excepción el que suspende el derecho y todas sus conjeturas normativas. En consecuencia, es necesario reconocer que existen límites para el derecho, lo cual significa que no hay necesidad de ubicarse necesariamente dentro de un orden jurídico para crear un nuevo derecho. La autoridad, es decir la decisión política, es en estos casos casi legislativa. La noción de soberanía no hace otra cosa que conferirle la autoridad a la autoridad misma. Se comprende fácilmente por qué Kelsen, que razona sólo desde la perspectiva de las normas preexistentes, ha podido declarar en *Probleme der Souveranität* que el "concepto de soberanía debe ser radicalmente abandonado". Él no era más que un jurista puro, para quien el Estado no es soberano, sino que lo es el derecho. Ahora bien, más que el concepto más general, una norma general o fundamental no puede contener todo, si se entiende con esto que la decisión se reduce a una simple deducción de normas preestablecidas. La noción de excepción demuestra que no todo se puede predeterminar en la política de un Estado, ya que existe al menos un margen de indeterminación que la decisión política debe tomar en consideración a falta de una normativa adecuada.

Si bien Schmitt no lo ha especificado directamente, no puede confundirse la decisión tomada en contra de las normas de un orden dado con el fin de instaurar otro orden con aquella que, con sus veredictos, restablece la normativa destruida por la excepción, introduciendo a veces nuevas normas. Esta voluntad puede no ser objetiva respecto de las normas existentes, pero el orden que ésta determina se transforma en el objetivo del punto de vista del derecho positivo. Si el Estado se niega a tomar una decisión en el estado de excepción, corre el riesgo de que lo hagan otras fuerzas en su lugar, estableciendo de este modo sus propias normas. Es lo que sucede durante un golpe de Estado, una revolución o una rebelión, en el caso de que fracase el golpe de Estado. "La decisión, dice Schmitt, se toma al instante, independientemente de todas las motivaciones para argumentar, y ésta tiene una validez autónoma" (ibid.). Esto no significa, en absoluto, que una decisión tomada sea necesariamente buena o eficaz. Si ésta no se corresponde con los datos de la situación, será reemplazada por otra más oportuna. Todas las precauciones de la moral, del derecho, de la economía o de la ciencia son impotentes frente a la urgencia que exige una decisión. Si Schmitt está de acuerdo con Rousseau en el hecho de reconocer que la voluntad soberana está en grado de hacer lo que quiere, sin embargo contrasta en que puede estar mal hecha o, lo que es peor, puede ocasionar un mal. La decisión no puede ser clarividente. Es necesario, entonces, concluir en que el hecho de tomar una decisión, aunque no sea la adecuada, bloquea el curso del estado de excepción. En otras palabras, el hecho de tomar una decisión puede ser más importante que su contenido. Para Schmitt, no se trata de despreciar la norma: su oposición es únicamente en relación con el normativismo puro que deja de lado la decisión. Efectivamente, como demuestra en *Über die drei Arten des rechtswissenschaftlichen Denkens*, el orden es el resultado de una mediación entre las normas y las decisiones.

Los silencios del derecho

La norma representa la continuidad, mientras que la decisión es puntual, pero en el caso de la soberanía, ésta representa el último recurso en la discontinuidad y en la ruptura introducida por la excepción. Este hecho irrita y desordena; efectivamente, se querría que un estado de excepción no se produjera jamás. En virtud de su carácter conservador, los juristas tienden a privilegiar las normas; tanto es así qué éstas ofrecen la ventaja de ser impersonales y aparentemente objetivas, mientras que la decisión es personal y aparentemente subjetiva. Sin embargo, los estados de excepción se verifican: "No es un problema jurídico —argumenta Schmitt— establecer si el caso extremo de excepción pueda ser o no realmente eliminado del mundo" (ibid.). Existen los silencios del derecho. Se puede desear, ya sea por razones filosóficas, morales o ideológicas, no tener que asumir jamás una decisión, pero aquello que provoca el estado de excepción no se interesa por las aspiraciones abstractas. Los terroristas no preguntan a los pasajeros de un avión si tienen derecho a secuestrarlo. El derecho puede establecer quién es normalmente el que detenta la soberanía, quién es el sujeto de ésta, pero no puede designar con anticipación quién es competente en el caso de competencias no previstas; tanto es así que es imposible iluminar la voluntad de quien decide en esta situación, ni tampoco es posible darle directivas. Todo esto depende de la decisión tomada en la situación misma, teniendo presentes las necesidades impuestas por ésta. A fin de cuentas, las disposiciones jurídicas valen esencialmente para las situaciones corrientes, que éstas regulan normativamente de manera precisa. En este sentido la mayoría de las constituciones indica formalmente que la soberanía reside en el pueblo. La situación excepcional pone en juego precisamente esta soberanía, la cual se caracteriza, en el fondo, por un conflicto entre dos soberanías, la vigente y la que tiende a reemplazarla. En estos casos, es soberano aquel que resuelve el conflicto obteniendo una ventaja a raíz de la decisión tomada. Sobre la base de este conflicto, como sucede siempre en política, existe una relación de fuerza: en una situación normal, esta relación se estabiliza; se transforma en cambio en algo explosivo en las situaciones excepcionales.

En la realidad política, las cosas se desarrollan del siguiente modo: quien resulta vencedor de un conflicto entre soberanías, o restablece el orden o instaura otro. Finalizado el conflicto, aquél se despoja puntualmente del poder ejercitado como soberano durante el transcurso del mismo y lo restituye al pueblo, reconocido formalmente como el soberano legítimo. Se comprende inmediatamente la fuerza conceptual de la definición de Schmitt. Mientras las definiciones jurídicas se demuestran, a menudo abstractas y ficticias, las que él propone son eminentemente políticas. Efectivamente, Schmitt sigue de cerca la realidad empírica, la cual demuestra que en los casos concretos la soberanía es movible, por lo tanto es buscada mientras ésta oscila entre el soberano tranquilo y formal de la situación normal, y el soberano efectivo en el caso de la situación excepcional, momento en el cual es soberano quien decide en última instancia. Ningún derecho puede decir si se verificará un estado de excepción y cuándo lo hará, ni puede delimitar la competencia de quien decidirá en última instancia. La decisión en estos casos es, al igual que la situación excepcional, una realidad momentánea que, por lo tanto, no se deja "transcribir" jurídicamente. Se la puede rechazar, tal como se pueden lamentar los daños provocados por la irrupción de un ciclón, pero no existe norma que pueda detener al huracán.

El problema de la decisión es, una vez más, el trasfondo del estudio sobre la *Legalität und Legitimität*, visto, sin embargo, desde otro ángulo visual. Si bien Schmitt advierte desde las primeras páginas el hecho de no querer tomar partido durante la crisis política que sacudía a Alemania en aquel período, esta última se destaca como una sombra latente en las páginas del escrito. El tema general es la agonía de la política liberal del siglo XIX, que él incluye en el vocablo *Gesetzgebungsstaat* (Estado legislativo), diferenciado del Estado jurisdiccional (que le otorga la supremacía a la sentencia de los jueces) y del Estado administrativo (dominado por los funcionarios o por la burocracia). No entraré en detalles respecto de esta diferenciación, sólo ocasionalmente. Querría destacar una vez más la fuerza premonitoria de las observaciones de Schmitt, ya que en nuestros días se releen sus textos; en éstos se anuncia la situación en la cual nos encontramos inmersos.

Para comprender en qué derivó el sistema representativo liberal, primeramente es necesario determinar el ideal que éste se proponía alcanzar y la convicción que lo alentaba. Sus partidarios estaban persuadidos de que llegarían, si bien no a abandonar totalmente la política, al menos a reducirla a algunas funciones que les parecían no elementales, sino secundarias.

Por esta razón, era necesario depositar una confianza absoluta en la ley, la única digna de reinar, en calidad de acto de la razón iluminada e ingeniosa, y no de la voluntad ciega y arbitraria. Los liberales consideraban la ley en sí misma, no como una disposición particular destinada a regular únicamente las situaciones en evolución, sino como una norma general, impersonal, coordinada con los saludables progresos de la humanidad, y por lo tanto, fuente de un derecho destinado a durar eternamente. La vocación de la ley así entendida sería la de instaurar un vasto sistema racional y universal de normas capaces de predeterminar el futuro.

De las leyes y de las normas universales

Ya no serán los hombres quienes gobernarán, y mucho menos las leyes particulares, sino solamente las normas generales y universales. En otras palabras, las leyes particulares ya no tendrían el valor de un acto legislativo, sino que, simplemente, serían la aplicación espacio-temporal de estas normas generales. El resultado sería la instauración de un sistema cerrado de legalidad soberana, que ya no tendría la necesidad de la legitimidad, ya no se apoyaría en ningún presupuesto, sería legítimo en sí mismo por el solo hecho de cumplir el voto de la paz, de la libertad y de la justicia. Clasificada a continuación por Max Weber como uno de los tres tipos de legitimidad, junto a la legitimidad tradicional y a la carismática, la legalidad es vista aquí como la legitimidad encarnada. Legalidad y legitimidad coincidirán plenamente. En consecuencia, la ley no exigirá ningún control, no pudiendo ser más que una buena ley, ya que no sería otra cosa más que la aplicación concreta de un sistema general de normas.

A la espera de que tal ideal se cumpla, es necesario reemplazar la autoridad del poder por la libre discusión de los legisladores que, en sus debates en el Parlamento, no tienen otra preocupación que la de buscar, a la luz de la razón, las vías más idóneas para el advenimiento del sistema general de normas, gracias a la suma de los actos legislativos acumulados. Los partidarios de esta doctrina llegaron incluso a pensar en "la ilusión en que se pudiera preparar para todos los movimientos, los objetivos y las tendencias imaginables, aun para aquellas más radicales y revolucionarias, una vía y un desarrollo legal, a través del cual podrían alcanzar su objetivo sin recurrir a la violencia y a la subversión, un desarrollo que funcionara contemporáneamente en el sentido de instaurar un nuevo orden, pero permaneciendo totalmente 'neutral'" (ibid.). El reino de las normas generales era, por lo tanto, concebido a través de una óptica cuantitativa, no sólo bajo la forma de progresos acumulados, sino también bajo la forma de debates entre la mayoría y la minoría en el Parlamento. Sin embargo, esta última diferenciación no tenía nada de sustancial, se refería sólo a la discusión acerca de los mejores métodos a seguir en vista de la obtención de los fines sobre los cuales el acuerdo habría sido general: "El Estado es la ley, la ley es el Estado" (ibid.), de modo que se podría trazar una línea sobre las características empíricamente conocidas de la política, tales como el poder, las órdenes, la obediencia o el enemigo. Los hombres se plegarían espontáneamente a un régimen tal, sin tener que obedecer explícitamente, a tal punto que podría abandonarse cualquier derecho a la resistencia.

Las críticas presentadas por Schmitt son, ante todo, teóricas. Sobre éstas querría detenerme brevemente. ¿La ley puede, por la fuerza de su naturaleza como acto legislativo, instaurar un sistema de normas universales? Efectivamente, el derecho no es ilimitado, no se puede legislar sobre todo, no todo está sujeto a las normas. Existen ciertas esferas de la existencia que escapan a la realidad y que incluso se rebelan contra ella. De todos modos, el derecho no se reduce a una simple suma de leyes, como sugiere el positivismo jurídico al que alude el pensamiento liberal. Sin hablar del derecho natural clásico, existe un derecho consuetudinario que el liberalismo considera erróneo, retrógrado. Sea como sea, ni las leyes ni las normas se agotan en el derecho. La idea de una legitimidad sin presupuestos está también fuertemente resistida. Efectivamente, la doctrina liberal presupone una congruencia armoniosa y preestablecida entre el derecho, la legalidad, la justicia y la libertad, como si las relaciones humanas no estuvieran absolutamente sujetas a contradicciones, tensiones, obstáculos y conflictos constantes. La libertad que ésta predica se ejercitaría finalmente en vano, al margen de aquellos obstáculos que exigen de nosotros los esfuerzos para poder permanecer libres. ¿No será cierto, quizá, como supone el liberalismo, que todo marchará mejor bajo las alas de un benéfico progreso que va a instaurar, ante todo, la paz y eliminará la autoridad, considerándola un factor de inestabilidad social? Finalmente, el pensamiento liberal considera que los representantes del pueblo, siendo elegidos por este último, deben estar necesariamente consagrados a la obtención del bien público; el pueblo, a su vez, es necesariamente bueno e inocente; entonces, por último, se hace completamente superfluo cualquier control de lo legislativo.

Esta idealización, con intenciones nobles, no corresponde en absoluto a la experiencia histórica, que la desmintió en repetidas ocasiones.

Las resistencias y las contrariedades no han venido sólo de los adversarios del pensamiento liberal, sino que surgieron justamente del interior del mismo, a partir de la práctica, a partir del hecho de que no se puede hacer política ignorando las limitaciones legales inherentes a cualquier política. Algunas críticas de Schmitt pueden parecer secundarias, por el hecho de referirse a situaciones cotidianas: no por esto son menos embarazosas. Demos un ejemplo. Una vez adquirido legalmente el poder, nada prueba que se lo va a ejercitar legalmente o que no se violará la legalidad vigente, no sólo a través de actos autoritarios, sino quizá bajo la presión de necesidades aparecidas repentina e imprevistamente. Este tema es retomado insistentemente por Schmitt, al punto tal que sus adversarios más de una vez lo han calificado como "ocasionalista". Tampoco puede excluirse que la sucesión de las leyes establecidas durante el transcurso del tiempo pueda finalmente modificar en forma profunda, considerado en su totalidad, el espíritu inicial del sistema normativo. Es necesario tener en cuenta la fuerza corrosiva del tiempo. De todos modos el desarrollo de la historia no ha confirmado en lo más mínimo la decadencia de la voluntad en beneficio de la razón; en todo caso, se verificó lo contrario, en el sentido de que es la autoridad la que resultó indispensable. Los Estados, además, se vieron obligados a instaurar formas de controlar los actos legislativos, bajo la forma de Cortes Constitucionales o Consejos de Estado, para remediar las incoherencias de los legisladores y para reclamarles la fidelidad a las normas que ellos han implementado. De todos modos, la fuerza de los acontecimientos enfrentó a los liberales a situaciones imprevistas desde el punto de vista normativo, y excepcionales, que desmintieron la lógica del sistema y que los han obligado a tomar medidas que se encuentran al margen de la legalidad. Por último, es necesario considerar las maniobras de una mayoría dedicada a contrastar y a obstaculizar el juego de la minoría. Esta última, por otra parte, a menudo es protagonista de la discusión parlamentaria sólo desde el punto de vista formal, dando por descontado que frecuentemente la oposición se demuestra como un enemigo público cuyo objetivo es la eliminación de cualquier idea liberal y de cualquier libertad. Todos los textos de Schmitt están caracterizados por reflexiones de este tipo, a veces de manera alusiva, y otras de manera más explícita. Pero el punto fundamental de su crítica es el desarrollo general de la política de nuestros días, desarrollo que invalidó las especulaciones del liberalismo.

a) La noción de ley perdió su prestigio y su antigua solemnidad; ésta ya no se inscribe en un sistema de normas, sino en el marco de las fluctuaciones dictadas por las circunstancias. Efectivamente, en nuestros días ya no se legisla con el objetivo de edificar un templo normativo, sino que se tiene en cuenta, ante todo, la utilidad del momento. En consecuencia, la idea de ley se desgastó y se banalizó. Numerosos elementos contribuyeron a esta degradación. Además, las mayorías parlamentarias ya no son mayorías sobrias, sino que, en cambio, están formadas por coaliciones de partidos, y el compromiso necesario para su cohabitación terminó por superar la rectitud de la ley: "Cualquier voluntad de cualquier mayoría parlamentaria se basa ya desde hace tiempo únicamente en un compromiso entre organizaciones políticas absolutamente heterogéneas, al punto tal que el Parlamento se transformó en el teatro de un sistema pluralista" (ibid.). Los debates dentro de las aulas perdieron repentinamente el carácter de una libre discusión sobre los mejores modos de promover el bien público, para transformarse en batallas entre facciones opuestas, más o menos confusas, con el objetivo ya sea de hundir al gobierno en ejercicio, ya sea de apoyarlo, y con los parlamentarios libres de renegar en cualquier momento de sus últimas convicciones. El debate degeneró en polémica y en desastre. La relación entre mayoría y minoría asumió entonces una nueva forma. Schmitt insiste en lo que él llama el "premio" de la mayoría, y que define como un "premio supralegal basado en la apropiación legal de un poder legal" (ibid.). Queriendo significar con esto que el partido de la mayoría que supera el umbral del 50% goza de una superioridad capaz de poner en peligro la legalidad reconocida del país. El premio consiste en el 1% de más que supera el umbral, de modo tal que la mayoría es incitada a infringir las reglas del juego para subvertir la sociedad e instaurar otro sistema de referencia en perjuicio del 49% de la minoría, o bien en contra de los sentimientos de una parte consistente de los ciudadanos, Es inútil tomar como referencia aquí los ejemplos históricos. Schmitt recuerda con tal propósito la diferenciación antigua entre el *"tyrannus abs que titulo"* (el usurpador ilegítimo del poder) y el *"tyrannus abs exercitio"*, que abusa legalmente de su poder, aprovechándose, en el ejercicio de la autoridad, del premio de la mayoría, y a través de maniobras más o menos legales, trata de imponer sus puntos de vista partidarios y de acapararse la totalidad del poder.

b) La degeneración de la ley tiene incluso otras razones. Ciertamente, la ley ha sido banalizada por la acumulación prolífica de disposiciones legislativas referidas a todo y a nada, pero también por la proliferación de disposiciones no legislativas, que al ser obligatorias, tienen sin embargo fuerza de ley. Se trata de las innumerables medidas reglamentarias, de los decretos gubernamentales y de otras disposiciones.

Schmitt insiste difusamente y en repetidas ocasiones en esta desviación del legislativo que pone en peligro los principios fundamentales del liberalismo, es decir, la igualdad ante la ley. No solamente se reintroduce así, de manera subrepticia, la discrecionalidad de la autoridad, sino que se arruina la igualdad jurídica: "No existe igualdad ante las disposiciones, como sí existe, en cambio, 'igualdad ante la ley'" (ibid.). Sería ridículo proclamar que la ocasión puede tener carácter de ley. Schmitt aclara: "Sería claramente grotesco si se quisieran dictar y cumplir las sentencias judiciales, en lugar de en nombre del Rey, del Pueblo o de la Ley, en 'nombre de una disposición', o si se le hiciera prestar juramento a alguien sobre las disposiciones, o si se le hiciera jurar 'fidelidad a una disposición'" (ibid.). ¿Qué valor tiene la legalidad si las disposiciones no legislativas adoptan una autoridad análoga a la de la ley? ¿No se trata de una capacidad extralegal, por lo tanto extraordinaria y eventualmente excepcional, que introduce una ruptura en el sistema legal de normas? De todos modos, la normalidad legal del ideal liberal termina perdiendo su credibilidad con este comportamiento que recurre cada vez más frecuentemente a las medidas reglamentarias y a las disposiciones.

c) La acumulación de reglamentos no legislativos, por lo tanto, cuestiona el monopolio legal entendido como fuente de la legitimidad. Es necesario examinar este estado de hecho. El problema de la legitimidad se desplazó. Ya no se trata, en realidad, del antiguo conflicto entre la monarquía, la aristocracia o la democracia, sino de una competencia entre diferentes fórmulas de la estructura estatal: Estado parlamentario, Estado jurisdiccional, Estado administrativo y burocrático. Es en este terreno donde se juega actualmente el destino del Estado. Schmitt deja al descubierto las cartas de que dispone, con legítima razón, la técnica moderna o, para utilizar un lenguaje más actual, la tecnocracia, en la medida en que esta última no es solamente burocrática, sino que interviene directamente en el funcionamiento estatal y en las decisiones. La técnica se juega la carta del funcionamiento axiológicamente neutral: se presenta como pura instrumentalidad dotada de competencia, hasta hacerse pasar por una "política no política", es decir, en el lenguaje utilizado en nuestros días, por una "política no políticamente". Es obvio que ésta busca la propia legitimidad, más que en el Parlamento, en otro tipo de racionalidad, la del prestigio de la eficacia y de la competencia dentro de un mundo cada vez más complejo, irreductible a una norma general. Al mismo tiempo, ésta rehabilita el elitismo bajo una nueva forma, aunque haciendo referencia idealmente al principio liberal de la igualdad, en particular de la igualdad de oportunidades.

El ascenso del referéndum

d) Nada es más elocuente respecto de la explosión de la legalidad legislativa cerrada y de la diseminación de las fuentes de legitimidad, que el progreso en la mentalidad general de la idea del plebiscito o del referéndum respecto de la institución parlamentaria. Schmitt veía allí en 1932 la tendencia política principal del mundo contemporáneo. Se trata de una ruptura que anuncia la agonía del liberalismo del siglo pasado, grávida de nuevos conflictos. Efectivamente, la diferencia entre el sistema parlamentario y el sistema del plebiscito o del referéndum es insuperable. El referéndum es la expresión de una voluntad puntual, que se afianza en el mismo momento en el cual se expresa, expresión de una legitimidad que el liberalismo no puede cuestionar, ya que es el fruto de la voluntad directa de todo un pueblo. No es éste el caso del Parlamento, que es elegido por un período determinado, que puede rever una decisión tomada anteriormente y someterla a una nueva deliberación. El Parlamento, en estas condiciones, demuestra ser el legislador común que se ocupa de los asuntos comunes, mientras que el referéndum introduce una legislación extraordinaria y singular. Si el Parlamento puede invocar la continuidad en un proceso de racionalidad, el referéndum confía la supremacía a la discontinuidad de la voluntad compactada en la expresión de una decisión inmediata y no reversible. Efectivamente, el referéndum es un instrumento de decisión que no admite recurso, lo cual induce a la prudencia a quien elige utilizarlo. Una derrota en el referéndum equivale, precisamente, a una condena sin reclamos, mientras que un voto en el Parlamento puede ser reparado. Por un lado tenemos una elección (Wahl) única, decisiva e irreversible, y por el otro una selección (Auswahl) entre diferentes opiniones que pueden encontrar luego formas para poder éstas mismas reacomodarse. El referéndum no le asigna validez más que a una sola respuesta, dándose entonces por sobreentendido que "la pregunta no puede ser planteada más que desde lo alto, y que la respuesta no puede venir más que desde lo bajo" (ibid.), mientras que el Parlamento puede tergiversar, reenviar la cuestión a otra comisión y así perder tiempo. También se puede no tomar ninguna decisión en este caso y lograr un pacto. Por el contrario, el referéndum es una decisión, como indica el término alemán *Volksentscheidung*.

Para Schmitt, nos encontramos en presencia de una "situación intermedia", que se caracteriza por la cohabitación de dos legitimidades, la parlamentaria y la del referéndum. Lo que es necesario destacar es que el desarrollo de la política a partir del siglo pasado se llevó a cabo en el sentido de un rechazo del sistema general de normas como única fuente de legitimidad.

La nueva mentalidad tiende a la yuxtaposición "del sistema de legalidad parlamentaria y de la legitimidad del plebiscito" (ibid.) Evidentemente, esta asociación está grávida de conflictos, según se le dé preeminencia a la norma o a la decisión. Sea como sea, el sistema liberal del siglo XIX generó una "explosión pluralista" (ibid.) que paraliza el Estado; los acuerdos entre los partidos políticos reemplazan a la ley con una clara ventaja pera los primeros, sin que se tenga ninguna consideración por la jerarquía de las urgencias y de las prioridades. En este juego, el Estado se transformó en una simple "configuración social", que deja de lado los imperativos de la política que, por lo tanto, se ocupa de todo menos de lo que se considera esencial para un Estado. Con este propósito, Schmitt teme una nueva evolución hacia el Estado total omnipresente en la sociedad a causa de su impotencia: "Un Estado pluralista de partidos se transforma en un Estado total no por su fortaleza y su eficacia, sino por su debilidad: interviene en todos los dominios de la vida porque se espera que pueda satisfacer los requerimientos de todos los intereses" (ibid.). De esto se deduce que, no pudiendo satisfacer a todos, se tiene la ilusión de hacerlo aumentando exageradamente la administración burocrática, encomendándole responder, sector por sector, a todos los requerimientos. Schmitt no era, por otra parte, víctima de sus mismas convicciones sobre el referéndum, dado que hacía destacar, no sin un dejo de amargura: "En este caso, la legalidad y la legitimidad se transforman en instrumentos tácticos, de los cuales cada uno se sirve si encuentra en éstos una ventaja momentánea (...) Ni la legalidad parlamentaria ni la del plebiscito, más que cualquier otro sistema de justificación posible, podrían sobrevivir con el transcurso del tiempo, a una degradación similar del Estado en instrumento técnico y funcional". En el fondo, Schmitt era partidario no tanto del Estado, sino del restablecimiento de la política, con sus prerrogativas y sus límites.

Como se habrá comprendido, él era partidario de la utilización del referéndum, pero no de un sistema pura y únicamente plebiscitario. Recordemos su fórmula: el orden exige normas y decisiones, lo cual significa que un sistema puramente decisional es mucho más caduco que un sistema exclusivamente normativo. En este sentido, Schmitt nunca fue un liberal desde el punto de vista doctrinario, ya que él considera que la decisión es reguladora del mismo modo que la norma. Él no fue simplemente un doctrinario, sino un hombre atento a las diferentes situaciones, mientras que toda doctrina conduce al dogmatismo. Por el contrario, siempre fue favorable a un régimen que esté en grado de garantizar todas las posibilidades de la libre expresión, respecto de los imperativos de la política. Si bien fue favorable al referéndum, no fue solamente porque consideraba que este último estuviera en grado de restablecer los derechos de la voluntad y de la decisión en contra de la uniformidad del legalismo racionalista, sino ante todo, porque éste abría un campo de libertad, un espacio de liberación, respecto del monopolio y del sistema cerrado del legalismo normativista. Este último tiende a sacrificar la elasticidad de la intuición antes que la rigidez de la norma. Por su naturaleza, una situación no es normativa, sino que por el contrario, invoca una decisión susceptible de dar vida a otras normas que estén en grado de controlarla. Según la opinión de Schmitt, el referéndum ofrece la posibilidad de desbloquear una situación y de prevenir, si fuera necesario, las amenazas, del estado de excepción que sobreviene, generalmente, por la falta de un espíritu de decisión. Toda su obra está caracterizada por esta preocupación, si bien él, en un momento determinado, ya no le fue fiel. Su reputación quedó, por esto, resentida.

Se trata de su toma de posición de 1934, expresada en particular en el artículo *Der Führer schützt das Recht*. Ya que los amigos y los estudiosos de Schmitt son criticados sin tener la posibilidad de defenderse con respecto a este artículo, repito una vez más lo que ya dije en otra ocasión, dado que esta cuestión es recurrente aunque se conozca la respuesta con anticipación. Esta *défaillance* schmittiana fue mucho más sorprendente si se considera que, durante el debate sobre las elecciones en el otoño de 1932, él habría puesto en guardia a sus conciudadanos, a través de la prensa, respecto del hecho de que el "premio de la mayoría" le habría permitido al partido nacionalsocialista actuar por voluntad propia, una vez superado el 50% de los sufragios. Además, el partido católico, conducido por el prelado Kaas, le habría pedido al canciller von Schleicher, adversario de Hitler, que despidiera a su consejero Carl Schmitt, con el fin de favorecer las tratativas con el partido nazi. El artículo comprometido que estamos citando apareció al día siguiente de la "Noche de los cuchillos largos", en junio de 1934. Además, es necesario saber que Schmitt mantenía buenas relaciones con algunos oficiales del Estado Mayor, inquietos por el curso que estaban tomando los acontecimientos.

La idea de Schmitt era que, con la eliminación de las S.A., Hitler daría por terminada la situación excepcional que había surgido con su llegada al poder, restableciendo el derecho estatal normal en contra de las agitaciones de su partido. Se trató, por una parte, de una ilusión, y por la otra, de la señal de su fracaso como analista de la política interna alemana. Con Hitler, las intenciones no contaban en absoluto.

Las relaciones internacionales

En 1936 aparecía en la "Schwarze Korp", revista de las S.S., que habían obtenido definitivamente una ventaja respecto de la vieja guardia del partido, un artículo violento, lleno de amenazas personales respecto de Carl Schmitt. Como especialista que era en derecho público, Schmitt se dedicó a la segunda rama de sus preocupaciones, el derecho internacional, siendo a ese punto demasiado peligroso continuar ocupándose de asuntos de política interna. Schmitt no se encontraba en un territorio desconocido, ya que había publicado anteriormente algunos estudios en esa materia. Se consagra, desde entonces, muy seriamente a este ámbito, cultivándolo hasta el fin de su vida. Las principales obras de este período son: *Die Wendung zum diskriminierenden Kriegsbegriff* (1938), *Land und Meer* (1942), *Der Nomos der Erde* (1950), su mayor obra en este ámbito de sus estudios, y *Theorie des Partisanen* (1963). Nos contentamos, en este tema, con destacar dos puntos esenciales de su investigación: la teoría del espacio y la concepción de la guerra y de la paz en la modernidad europea. Sin embargo, no se puede hablar de ruptura entre los dos períodos, dado que las intuiciones mayores del *Begriff des Politischen* se hallan diversamente aplicadas. La *Theorie des Partisanen*, por ejemplo, lleva como subtítulo: *Zwischenbemerkung zum Begriff des Politischen*.

El nuevo interrogativo de Schmitt reposa en la noción de *Grossraum* (gran espacio). Para comprenderla, es necesario relacionarla con otra, la de *Ortung*, de difícil traducción a otros idiomas. El término más apropiado para utilizar aquí es, quizás, el de "localización", siempre que se insista en la idea de lugar como región determinada y limitada en el espacio. Una vez más, se trata de lo que Schmitt llama *Kleinräumigkeit* (espacio reducido). Ciertamente hemos tenido el Imperio Romano o la *Respublica christiana*, pero la política existía allí confinada en un espacio reducido, mientras, en cambio, predominaba el elemento terreno. Es necesario recordar, con este propósito, la idea que Schmitt tenía del derecho: "El derecho es terráneo y relacionado con la tierra" *(Der Nomos der Erde)*, al menos en sus orígenes. El mar, en cambio, es concebido como un espacio sin unidad, sin orden, sin derecho, sin una localización precisa: "En el mar, ninguna ley es válida" (ibid.): éste constituye el espacio libre. Schmitt escribe una vez más: "Los grandes actos primordiales del derecho permanecen, en cambio, como localizaciones ligadas a la tierra. Es decir: ocupaciones de tierra, fundaciones de ciudades y fundaciones de colonias" (ibid.). En función de esta concepción es necesario comprender el triple valor etimológico del término *Nomos* (ley, derecho): esto significa, al mismo tiempo *nehem* (tomar, ocupar), *teilen* (dividir), *weiden* (pastorear, organizar, producir) (cf. *Verfassungsrechtliche Aufsätze*). La unidad política fue, por lo tanto, en sus orígenes, de naturaleza territorial, ya que el mar no constituía un dominio estatal sobre el cual se pudiera establecer un pueblo políticamente organizado.

El Estado moderno, aparecido en el siglo XVI, es la forma jurídicamente racionalizada de este espacio reducido, cuyas prerrogativas específicas son la soberanía y la definición de las fronteras. Todo Estado posee los mismos derechos, de modo tal que es posible instaurar una política internacional basada en el equilibrio. Éste fue el fundamento del *ius publicum europaeum*, del derecho internacional europeo, cuyos ejemplos más característicos son los tratados de Westfalia y los Tratados de Viena de 1815. La guerra y la paz han sido condicionadas por este reconocimiento territorial jurídicamente protegido. Se renuncia a las guerras de exterminio en favor de lo que Schmitt define *gehegter Krieg*, es decir, guerras contenidas, limitadas y controladas. Todo enemigo era considerado el defensor de una causa justa; por lo tanto, era valorado del mismo modo que un *justus hostis*, sujeto de derecho, con el cual se podía tratar y negociar; de esto deriva que las pruebas de fuerza que constituían la guerra limitada concluían con la designación de un vencedor y de un vencido. Retomando a fórmula de Vattel y de Proudhon, Schmitt las define "guerras de forma". Concluían por medo de un tratado de paz negociado directamente entre vencedores y vencidos; todos los demás Estados debían, obligatoriamente, respetar el tratado. Este *ius publicum europaeum* se extendió a todo el globo a medida que se producían nuevos descubrimientos territoriales, siguiendo el ejemplo de la raya o línea de demarcación trazada por los españoles y por los portugueses en América del Sur o de la Amity Line. Brevemente, sin entrar en los detalles de las explicaciones circunstanciales o históricas acerca de las dificultades de esta doctrina, la idea de que todo enemigo debía ser considerado justo, como un defensor de una causa justa, introdujo durante algunos siglos "una racionalización y humanización; en otros términos, una domesticación de la guerra" *(Der Nomos der Erde)*. Por más cruel que pudiera ser la guerra, se había logrado controlarla relativamente y darle fuerza jurídica a la noción de paz.

Por el contrario el mar permanecería, durante mucho tiempo, como un espacio indiferenciado, que no podía encuadrarse en ninguna organización jurídica, y por lo tanto, un espacio libre, rebelde a cualquier localización estatal. La discusión se centraba, sobre todo, en resolver si éste debía ser considerado *res nullius* (espacio perteneciente a nadie) o *res omniun* (espacio perteneciente a todos). Inglaterra, efectivamente, había logrado transformarse en una potencia marítima, en grado de controlar relativamente los océanos, pero sin cuestionar jamás la concepción adquirida sobre el mar. No existiendo un auténtico derecho estatal marítimo, el enemigo adquiría, en el mar, una cara diferente. Por esta razón, el pirata no fue nunca considerado un enemigo justo —a diferencia del corsario— sino un criminal que, por el hecho de actuar al margen de cualquier derecho, no podía invocar para sí mismo ninguna protección jurídica. Si se consideran los hechos de manera global, el derecho europeo de gentes presentaba dos faces en materia de concepción del espacio: la del espacio terrestre y la del espacio marítimo y, en consecuencia, dos sistemas diferentes de derecho, cada uno de los cuales daba lugar a una figura diferente del enemigo. Es lo que Schmitt indica explícitamente en un texto de 1941, *Staatsliche Souveranität und freies Meer*. "La guerra terrestre fue sometida al derecho al punto tal de convertirse en una guerra interestatal, es decir en un despliegue armado entre los ejércitos estatales de los beligerantes. Su racionalización (...) reside en la parcelización y en la preocupación de conducir la guerra de manera total (...) involucrando a la población civil y a la propiedad privada. La guerra en el mar, por lo contrario, no es una guerra entre combatientes. Ésta se basa, efectivamente, en una concepción total del enemigo". De este modo, Schmitt deja entrever que la lucha terrestre era un combate reglamentado.

Somos partícipes, en nuestros días, de un auténtico cambio en la naturaleza de las relaciones internacionales, caracterizadas por la disolución lenta del derecho internacional europeo. "El ordenamiento eurocéntrico, aún vigente, del derecho internacional, está hoy en día en el ocaso. De este modo se hunde el viejo *nomos* de la tierra" (ibid.). Otro orden se encuentra en gestación, al margen de cualquier localización, que nos deja sin palabras a causa de a separación entre el pensamiento político y el pensamiento jurídico, que tradicionalmente asociaban *Ordnung y Ortung*. La confusión nace de nuestra incapacidad para elaborar nuevos instrumentos conceptuales susceptibles de prefigurar la situación en vías de desarrollo. Nuestra idea del espacio adopta otro significado, el de *Grossraum*, que en la opinión de Schmitt es una noción útil para aclarar la nueva situación. Este desorden corre el riesgo de acelerar la decadencia del Estado, que se basa en la idea de la localización territorial.

Efectivamente nos encontramos, en cambio, en presencia de una *Entortung,* una suerte de desconcertante "deslocalización". De este modo se comprende mejor la teoría schmittiana del Estado, para nada estatista. Schmitt escribe que el Estado es una "forma de organización específica de a unidad política, absolutamente ligada a las épocas, condicionada históricamente (...) que algún día podría acabar" *(Verfassungsrechtliche Aufsätze).* El posible fin del Estado no significa un deterioro de lo político sino solamente el fin de la "era estatal".

Con la descomposición del derecho estatal europeo, somos partícipes de una auténtica "revolución planetaria". No se trata, naturalmente, de un advenimiento producido de manera repentina. Los primeros signos premonitorios deben buscarse en la Revolución Francesa, que le dio el primer golpe duro al sistema. Fue ésta, efectivamente, la que trató a los adversarios como pérfidos, enemigos del género humano dignos de ser exterminados, la que instauró el terror interno y condujo en el exterior guerras similares a una matanza. La descomposición del derecho internacional europeo se aceleró bruscamente a comienzos de nuestro siglo, ya no en los campos de batalla, sino en las asambleas y en los textos jurídico-políticos, con la bendición de pretextos humanitarios para introducir en las relaciones internacionales. Schmitt destaca tres momentos que le parecen determinantes. Ante todo el Tratado de Versalles, que rompió con la tradición de las negociaciones directas entre vencedores y vencidos y que, incapaz de poner término a las hostilidades, permitió solamente la suspensión de las operaciones militares. En segundo lugar, la instauración de la Sociedad de las Naciones, que se basaba en la idea de que le correspondía a ciertos Estados, y no a otros, decidir sobre la guerra justa. De allí deriva el deterioro de la diferenciación clásica entre la guerra y la paz. En este estado de cosas, o se actúa de conformidad al derecho y las acciones llevadas a cabo ya no se consideran guerras verdaderas, o bien no se permanece dentro del derecho, y la guerra llevada a cabo se transforma entonces en un crimen. Por último, el pacto Briand-Kellog, que tiende a criminalizar la guerra y a hacer que éste realice una simple acción de policía: una suerte de exclusión política de la política.

Intervinieron otros elementos, de naturaleza de material e ideal al mismo tiempo. Por un lado, el espacio no dejó de perder su significado terrenal, especialmente después de que se tomó conciencia de las posibilidades ofrecida por el espacio marítimo y por el espacio terrestre. Se trata de espacios sin fronteras internas, en grado de eludir la localización y la capacidad reguladora del derecho. Schmitt insiste, hacia el final de *Der Nomos der Erde*, en la noción de espacio aéreo, que descompagina las nociones de horizonte y de teatro de operaciones.

Por otra parte Europa, con la excusa de eliminar, por razones humanitarias, todas las diferencias reconocidas como legítimas en los espacios localizados de cualquier continente, se dejó atrapar por la abstracción del universalismo. Schmitt no cuestiona la idea filosófica centrada en la universalidad, sino la doctrina confusa del universalismo. La "deslocalización total" en curso obstaculiza la percepción jurídica degradando la noción de *topos*, como lo demuestra la moda utópica de las abstracciones que no se ubican en ninguna parte, a la manera del *Nowhere* o del *Erewbon* de los autores ingleses. En este caso ya no se está en grado de dar un juicio positivo, anclado en un espacio y en un tiempo definidos, y debe por esto refugiarse en los juicios negativos. El universalismo escapa a la determinación y a la localización; basándose en visiones inciertas, no puede más que alimentarse de actitudes "contra" lo que existe; lo que es positivo es, en cambio, delimitable, caracterizable, como mínimo susceptible de ser precisado. Se puede pensar con las categorías de lo universal, pero no se puede actuar con las del universalismo, desde el momento en que una acción concreta siempre debe inscribirse dentro de un espacio y de un tiempo determinados. La noción de *Grossraum* reintroduce la indispensable delimitación, igualmente necesaria para la acción política.

El "Grossraum" y sus características

Para comenzar, es necesario aclarar que el *Grossraum* no tiene nada que ver con el espacio vital del cual también se hablaba en esa época, ni con el imperialismo clásico, por ejemplo el de Inglaterra. Schmitt veía la prefiguración de aquél en la doctrina Monroe. Esta última no tenía ninguna pretensión universalista; se refería sólo al espacio americano, que quería asegurarse respecto de cualquier intervención extranjera. Sin embargo, es la reflexión sobre la noción de *Reich*, tal como pensaba que Hitler la concebía, la que le proporcionó a Schmitt los rudimentos empíricos de sus teorías. No se trata de saber si Hitler tenía, efectivamente, las ideas que Schmitt le atribuía: lo que importa es que éstas han sido el pretexto de la construcción schmittiana. Inicialmente él había creído que la raza podía constituir el elemento coagulante de su nueva concepción del espacio. Bien pronto abandonará tal posibilidad. Seguramente la noción de *Grossraum* está muy cerca de la del *Reich*, sin por esto identificarse con ésta. Aquélla constituye, para emplear una palabra que entró en vigencia después de Yalta, un bloque, es decir, una extensión política cuya influencia se extiende más allá de los confines de un Estado, principalmente hacia los países circundantes. Se trata, entonces, de una potencia política que supera los confines de todos los Estados que ésta controla directamente o indirectamente, y que de este modo introduce otra concepción de las relaciones internacionales. Siguiendo la expresión de Schmitt, se trata de una potencia "hegemónica"; en virtud de este título, considera su zona de influencia como una reserva de caza, al reparo de cualquier injerencia llevada a cabo por los Estados que se encuentran al margen de esta zona y de cualquier otro eventual *Grossraum* presente en el mundo.

Dentro de su esfera, la potencia dominante organiza un *Lesitungsraum*, es decir un espacio que determina el rendimiento y los resultados de los Estados que viven bajo su obediencia. El *Grossraum* es portador de una orientación cultural, de una ideología, de un sistema económico, de un tipo de organización política y jurídica, y de una determinada estrategia, que no son ni locales ni universales, a pesar de la pretensión teórica hacia la universalidad. Schmitt así lo define en su obra de 1940, *Raum und Grossrum im Völkerrecht*: "Una esfera de planificación, de organización y de actividades humanas que tienen su origen en la actual y vasta tendencia hacia el desarrollo futuro". En este texto, sugiere igualmente que esta esfera puede comprender pueblos de diferente origen, autorizados a establecer relaciones entre los mismos, pero sin derecho a la discusión con la potencia hegemónica. La organización de este nuevo espacio no tiene necesidad ni de validez científica ni de competencia cultural o ética; esto resulta, precisamente, de una voluntad política, cuyas recaídas modifican la imagen del derecho internacional. Una vez que esto se halla constituido, es necesario entonces actuar sobre la capacidad de "irradiación" de este inmenso espacio. Schmitt no se refiere entonces al pasado, sino a un eventual desarrollo del estado de las cosas del cual cree poder proporcionar indicios.

El advenimiento de estas nuevas potencias espaciales tendrá numerosas consecuencias. Ante todo, el ocaso del Estado y del orden europeo, basado en la idea de nacionalidad. El espacio demasiado reducido de los Estados no podrá constituir un contrapeso para la potencia hegemónica del señor del *Grossraum*.

El Estado clásico está destinado a perder poco a poco su sustancia, en particular, su soberanía que fue hasta ahora, en el plano jurídico, su contraseña específica. El derecho interno de los Estados satélite y también su capacidad legislativa, y por lo tanto también su legalidad, serán la expresión de una legitimidad que los trasciende. Se comprende mejor, entonces, la pertinencia de la definición anticipada de la soberanía, que Schmitt formuló en 1922. Ésta no debe ser concebida jurídicamente según el modelo de los teóricos del Estado, sino interpretada políticamente como una decisión de última instancia. Naturalmente el *ius publicum europaeum*, basado en la independencia y en la soberanía de los Estados en un espacio más o menos reducido, sólo puede transformarse en algo precario y, a la larga, decididamente obsoleto. Está destinado a la decadencia, obligado a cederle el puesto a un nuevo tipo de relaciones internacionales que inauguran otro derecho internacional, más conforme a las nuevas constelaciones que constituyen los diferentes modos de considerar el *Grossraum*. En otras palabras, tal como lo es el Estado, también el derecho internacional europeo es el producto de una época histórica. Éste no posee la virtud de la perennidad que aún se le atribuía hace algunas décadas. Este desarrollo, agrega Schmitt, no se debe por lo tanto únicamente a las victorias o a las derrotas militares, sino también a los factores que modifican la mentalidad general, factores ya sea de naturaleza económica y social (si se considera el aspecto interno del *Grossraum*), ya sea de naturaleza universalista y humanitaria (si se tiene en cuenta la ideología).

Guerra total y "paz belicosa"

Como ya señalamos, si bien de paso, en las páginas precedentes, el nuevo *Nomos* de la tierra que se dibuja ante nuestros ojos está destinado a modificar también las formas clásicas de la guerra y de la paz. La humanidad tiende hacia lo que Schmitt define ya en su ensayo de 1938, *Über das Verhältnis der Begriffe Krieg und Fried*, una "situación intermedia entre la guerra y la paz", una suerte de paz belicosa que ya no es ni una auténtica paz ni una auténtica guerra. Esta segunda gran revolución del espacio, después de la del siglo XVI que jurídicamente se tradujo en el *ius publicum europaeum*, no modifica sólo nuestra percepción del cosmos, sino también nuestras estructuras políticas y nuestra mentalidad general. Se corre el riesgo de que a la guerra contenida le siga una "guerra total". Siguiendo la lección del estudio de 1937, *Totaler Feind, totaler Krieg, totaler Staat*, la noción de guerra total debe ser comprendida en correlación con la de Estado total, analizada precedentemente. Ésta es total por dos razones: ante todo, porque ya no es localizada, en el sentido de que antes se desarrollaba en un teatro de operaciones, pero ahora se extiende a todo el planeta, comprendido el espacio sideral; en segundo lugar, porque no es únicamente militar, dado que todas las actividades —científicas, técnicas, económicas— y todos los aspectos materiales e ideales de la existencia se encuentran inmediatamente implicados en este gigantesco conflicto. Ya no existen zonas protegidas, tanto el militar como el no militar están alistados en el conflicto. Ya no hay, políticamente hablando, ninguna diferencia entre combatiente y no combatiente.

Para Schmitt, no se trata de mostrarse pesimista u optimista, sino de observar el despertar del conflicto, de formular las conjeturas y las hipótesis más plausibles, y por último, de estar en grado de prevenir las eventuales catástrofes. Existen ya numerosos indicios que deben llevarnos a estar alertas. Alrededor de nosotros las estructuras tradicionales, nacidas con el régimen estatal, se van desintegrando. El sistema del equilibrio internacional entre los Estados continentales, garantizado por la potencia marítima de Inglaterra, ya se desmanteló. Se afrontan dos tipos de *Grossraum*, teniendo ambos como un objetivo encubierto la conquista del mundo entero, por lo tanto, la universalización del orden instaurado por éstos dentro de la propia esfera de influencia. Estas potencias se disuaden recíprocamente, pero aún sin llegar a establecer un equilibrio de base jurídica. Éstas solamente pueden coexistir. Además, actúan sobre una técnica en plena efervescencia, de la cual es difícil prever los desarrollos. El mayor efecto es que la técnica le dio la preponderancia al espacio aéreo, haciendo desaparecer la distinción clásica entre tierra y mar, hasta ese momento base del derecho internacional. El aire huye de cualquier "localización", indispensable, en cambio, para la construcción jurídica. Ahora bien, ¿qué puede significar la noción de orden si ésta no tiene una garantía jurídica? Schmitt no logra imaginar de dónde pueda provenir, para el nuevo *Nomos*, una reglamentación del espacio aéreo análoga o tomada en préstamo por el derecho del mar y de la tierra. Asistimos a la conquista de nuevos espacios, a una gigantesca carrera hacia espacios ilimitados, sin que se logre imaginar cómo someterlos al derecho.

Aproximándose al fin de su vida, Schmitt se dedicó al análisis del fenómeno del partisano, considerado una figura, por así decirlo, paradigmática de la descomposición del viejo *Nomos* y de la aparición de la paz belicosa *(Theorie des Partisanen)*. Esta figura es emblemática aun siendo una realidad terrena. Schmitt explica, con este propósito, la expresión "carácter telúrico". Sin embargo, el partisano es un irregular: ya no es un soldado, sino un civil armado, que encarna también el aspecto no militar de los actuales conflictos.

Él no se preocupa por el derecho ni por las convenciones internacionales, él sostiene "su derecho en la hostilidad" (ibid.), alzándose en armas a causa de sus convicciones, en perjuicio de cualquier legalidad, utilizando el terrorismo y realizando operaciones que pasan por criminales, por ejemplo, la toma de rehenes. ¿Cómo es posible regularizar jurídicamente lo que por su naturaleza es irregular? El marxismo, principalmente en su versión leninista, llegó al punto de revestir al guerrillero de un carácter humanitario, considerando que su lucha está destinada, en principio, a desalienar y a liberar a la humanidad, aun el precio de la eliminación física de toda una clase. En otras palabras, en nombre de la humanidad se declara no humano a todo el campo adversario, se hace un "no valor total", con la esperanza de que, en caso de una victoria total, ya nadie podrá acusar a los vencedores de ser criminales y monstruos.

El derecho internacional europeo había logrado, con algunas excepciones, contener la guerra y relativizar el concepto de enemigo. Es de temer que, "en un mundo en el cual sus componentes se arrojan de este modo recíprocamente en el abismo, en un abismo de total privación de todos los valores, premisa para aniquilarse físicamente, nazcan nuevos tipos de enemistad absoluta. La enemistad se transformará en algo tan terrible que quizá ya no será lícito ni siquiera habar de enemigo y de enemistad. Estos dos conceptos estarán desterrados formalmente incluso desde antes de comenzar la obra de aniquilación. Esto, entonces, se transforma en algo totalmente abstracto y absoluto. Ya no se dirige contra un enemigo sino que, a este punto, sirve sólo para una presunta imposición objetiva de los valores más altos para los cuales, notablemente, ningún precio es demasiado alto. El desconocimiento de la enemistad real abre el camino hacia la obra de aniquilación de la enemistad absoluta" (ibid.). El derecho europeo reconocía al enemigo pero, ¿cómo reconocerlo desde el momento en que se lo niega anticipadamente? ¿Lo que corre el riesgo de imponerse será, una vez más, un *Nomos* de la tierra? ¿O se tratará, más simplemente, de un *Nomos*? ¿Es posible que se verifique el hecho de que una mitad de la humanidad tendrá como rehén a la otra mitad?

La fuerza del espíritu

Las críticas que le han hecho a Schmitt han sido numerosas, a veces violentas, dirigidas tanto contra su persona como contra su obra. Dejaré de lado las que están motivadas por un espíritu polémico, para limitarme a aquellas que conciernen a las relaciones internacionales. Para comenzar, querría destacar una vez más que es posible leer su obra de dos maneras diferentes: teniendo en cuenta el contexto en el cual fue producida, las tomas de posición personales del autor, sus vacilaciones y sus simpatías, también éstas variables, o bien concentrándose en los puntos fuertes de su pensamiento, independientemente entonces de a vinculación con las circunstancias. La primera manera es aún más legítima si se tiene en cuenta que a Schmitt se lo ha considerado un intérprete en función de las situaciones concretas. Sin embargo, este acercamiento es posible sólo en el marco de un estudio de mayores dimensiones, dando por descontado que éste debe basarse en una gran erudición, y no en el marco de un estudio breve como el que hemos emprendido en esta oportunidad. Por esta razón dejé de lado numerosos escritos de Schmitt que habrían permitido evaluar en detalle sus ideas. Preferí seguir el segundo modelo, que permite destacar la originalidad, la fuerza y la agudeza de su espíritu, y en consecuencia, las ideas que, en mi opinión, enriquecieron el patrimonio filosófico, así como las situaciones y las circunstancias de su vida personal aumentaron el campo de la crónica histórica. La gloria de Platón no deriva de su fracaso como consejero político de Dión de Siracusa, la de Bodin no se basa en sus vacilaciones durante el transcurso de las guerras de religión.

A Schmitt se le reprocha el hecho de haber permanecido conceptualmente en un estado de incertidumbre a propósito de la noción de *Grossraum*, de no haber elaborado sistemáticamente la teoría política y jurídica
de tal noción y de haberse contentado con aproximaciones plenas de vacilaciones. Se cuestiona, principalmente, la definición que dio de *Grossraum*, citada anteriormente con relación a su obra *Raum und Grossraum*.
Me parece que estas críticas no tienen en cuenta la importante expresión
"tendencia al desarrollo" comprendida en esa definición y que le otorga
un sentido muy preciso. ¿Cómo se puede describir con precisión lo que
aún se encuentra en estado de bosquejo, y que todavía no tomó forma?
Schmitt era un jurista y, como tal, sabía que el derecho no puede aplicar-
se más que a las situaciones dadas, a los estados de hecho. Una tendencia
en vía de desarrollo no puede ser sometida a derecho sistemáticamente,
puede solamente ser presentada políticamente. No es posible proyectar en
los mínimos detalles una construcción jurídica de algo que no es más que
una tendencia, sin caer en la utopía. Además la idea de un jurista aún no
constituye derecho. Schmitt no tenía ejemplos cercanos, a no ser la doctrina Monroe y lo que parecía intuir de los propósitos del Tercer Reich,
que jamás encontraron ninguna concretización. Es normal que, en tales
condiciones, sus intuiciones hayan permanecido en estado de vaguedad e
imprecisión. En materia jurídica no se puede hacer milagros.

Si en cambio se toma en cuenta lo que sucedió el día después del segundo conflicto mundial, es decir la formación de los bloques, me parece, por
el contrario, que Schmitt ha tenido el mérito de anticipar los sucesos futu-
ros, dentro de los límites de sus intuiciones, y ha vislumbrado los métodos
de la Unión Soviética, comprendida la noción de "soberanía limitada" apli-
cada a los países satélites. Pero también la política americana razonó en los
términos del *Grossraum*, con mayor flexibilidad que los soviéticos; así como aquellos que trabajaban para la unificación europea. También algunas
observaciones menores de Schmitt, por ejemplo sobre la piratería, deberían
llamar nuestra atención en virtud de que los piratas gozan, en diferentes
países, de una indulgencia que no puede maravillar. Schmitt también intu-
yó la audacia de aquellos Estados, cercanos a las grandes potencias que
—como en el caso de Irán—, se aprovechan de su situación para instaurar
un régimen duro, desafiando a los bloques. Seguramente estas instituciones
están entremezcladas, en la obra de Schmitt, con consideraciones secundarias sobre la política de la época. Sin embargo, se le reconocen algunos mé-

ritos, por el hecho de haber intuido a grandes rasgos lo que estaba sucediendo. Hay partes enteras del *ius publicum europaeum* a punto de derrumbarse, de modo que la tesis de Schmitt sobre la decadencia de este derecho no tiene verdaderamente nada arbitrario.

La influencia de Carl Schmitt

Estos reproches generan un problema aún más general. La crítica que se considera resolutiva se refiere a su oportunismo, ya que él construyó su propia visión a partir del diseño "prestado" por él al Tercer Reich en materia de política exterior, con relación con el sometimiento de los países limítrofes. A costa de escandalizar a los espíritus siempre bien intencionados según los caprichos de la fortuna, me parece necesario reconocer que la posteridad de Hitler está aún bien presente hoy en día. Sus ideas no han sido derrotadas en los campos de batalla, sino que han emigrado hacia sus enemigos. Los herederos no son siempre aquellos en los cuales se piensa; se los encuentra por el contrario en todos los ámbitos, a la derecha, a la izquierda y en el centro. Hitler fue un genio diabólico, cuya maldad no se apagó completamente, si se concuerda conmigo respecto del hecho de que las ideas nefastas poseen el don de sobrevivir mucho más tiempo que las buenas. Algún día será necesario redactar, sin concesiones ideológicas y sin prejuicios polémicos, el catálogo de las opiniones de las cuales Hitler fue el precursor, no solamente en el dominio público, sino también en otros ámbitos, como el de la economía o el de las costumbres. Es conforme a los usos en boga en la república de los intelectuales someter a proceso a los autores que fastidian las corrientes de pensamiento del momento. Por lo tanto, es normal que se haya intentado hacer lo mismo respecto de Schmitt. Sus opciones prácticas han sido variables, o al menos no han sido opciones consecuentes, e incluso, a veces, criticables. Él también ha sido un ser caprichoso, al punto tal que las relaciones con sus mejores amigos han atravesado por diferentes fases e incluso por rupturas pasajeras. Como demostré en otro escrito, su existencia y su pensamiento han estado plenos de conflictos. Pero ésta no es una buena razón para desacreditar su obra. Es cierto que cotidianamente hay que enfrentarse con la mediocridad humana. Por lo tanto, es necesario poseer el sentido del discernimiento, de modo tal de poder reconocer la calidad de sus obras aun cuando se esté en desacuerdo con sus opciones prácticas.

Gran espacio y unidad política del mundo

Alessandro CAMPI

¿Hacia un modelo neoimperialista?

Sobre la producción internacional de Carl Schmitt —desarrollada durante el transcurso de cincuenta años paralelamente a las reflexiones sobre lo "político" y sobre el Estado, y al estudio del derecho constitucional— pesó siempre el juicio fuertemente negativo establecido, entre otros, por Franz Neumann. En el célebre Behemoth, en el capítulo quinto dedicado al *grossdeutsche Reich* y al desarrollo de la doctrina Monroe alemana, Schmitt era señalado como "la voz predominante del grupo 'revisionista' nacionalsocialista" y como uno de los principales ideólogos del nuevo derecho internacional anhelado por Hitler.

Una imagen a la cual muchos estudiosos se han aferrado, más o menos explícitamente, durante toda la posguerra. La consecuencia fue que los críticos de Schmitt no perdieron ocasión para recordar sus responsabilidades como intelectual y como jurista que se ha rebajado hasta llegar al punto de forjar las armas jurídicas e ideológicas de las cuales el Tercer Reich se sirvió para devastar Europa, definiendo de este modo sus trabajos sobre el *Völkerrecht*, el imperialismo y la Sociedad de las Naciones como pura y simple ideología, como mera propaganda. Según la opinión de aquéllos, los apologéticos y los investigadores más acordes con su pensamiento se adecuaron tristemente al prejuicio dominante y prefirieron no indagar demasiado sobre esta considerable parte de su trabajo. No es una casualidad, por lo tanto, que la literatura crítica internacional sobre Schmitt sea absolutamente la más carenciada, y que sus textos en la materia, a excepción de *Der Nomos der Erde* y de *Land und Meer*, no hayan sido reeditados nuevamente y que tampoco sean accesibles. En particular, la teoría de los "grandes espacios" —expresada en forma acabada en el ensayo de 1939, revisada muchas veces, *Völkerrechtliche Grossraumordnung mit Interventionsverbot für raumfremde Mächte*— ha sido señalada siempre como el momento de mayor compromiso de Schmitt con la política imperialista del régimen, sin haber sido considerado jamás el hecho de que ésta quizá representa la única tentativa schmittiana de imaginar nuevas formas alternativas para el Estado y de asociación con lo "político" y de dar, por lo tanto, un sentido histórico-jurídico y no solamente teórico-especulativo a su reflexión sobre la decadencia del Estado continental, que se desarrolló durante el transcurso de cuatro siglos desde el *ius publicum europaeum* y que llegó a su fase terminal después del primer conflicto mundial.

En realidad, la elaboración de una teoría del *nomos* de la tierra, la visión de un nuevo orden en el planeta, el análisis de las transformaciones sufridas por el concepto de guerra, la crítica al imperialismo y al "falso pacifismo" por parte de organismos supranacionales inspirados en la universalidad y en un concepto discriminatorio de la paz, representan un aspecto fundamental de su producción. Schmitt reflexionó sobre estos temas de manera constante durante el transcurso de su vida intelectual. Es parcialmente errónea la idea, expresada por ejemplo por Julien Freund, de que él se haya dedicado a los asuntos que conciernen al derecho internacional en particular después de 1936, para huir de las censuras del ala más intransigente y fanática del nacionalsocialismo. Imposibilitado para escribir y debatir sobre política interna y sobre derecho constitucional y administrativo, y a ese punto incorporado ya, de hecho, en las filas de la "emigración interna", según esta visión (compartida por el biógrafo Joseph W. Bendersky), Schmitt se habría orientado hacia el derecho internacional por temor a que la protección que le aseguraban Göring y Frank ya no fuera la suficiente para poder garantizarle la incolumidad física: en conclusión, evitó —escribe Bendersky— "no solamente tratar temas que estuvieran conectados con el derecho y la política interna, sino también pronunciarse sobre cualquier problema que pudiera provocar controversias o hacer subir de tono la discusión. Durante dos años no hizo otra cosa que discutir abstractamente sobre derecho internacional y sobre las mutaciones del concepto de guerra".

En realidad, el primer escrito significativo en materia de "derecho exterior" se remonta a 1926. Se trata del ensayo *Die Kernfrage des Völkerbundes*, en el cual se encuentra un brillante análisis que trata el tema de las relaciones entre pacifismo e imperialismo económico. De 1928 es el ensayo *Der Völkerbund und Europa*, en el cual se ilustra la mélange de "ausencia oficial" y "presencia efectiva" que caracteriza la política exterior de los Estados Unidos de América con respecto a Europa. En 1932 aparece, en cambio, el célebre *Völkerrechtliche Formen des modernen Imperialismus*, en el cual se analiza la forma típica del imperialismo anglosajón, centrado en la economía y en la dialéctica entre los países acreedores y los países deudores, y se ilustra la importancia que ha tenido la doctrina Monroe en el desarrollo de la política fuerte estadounidense.

La teoría internacional de Schmitt obtuvo, como es sabido, una significativa sistematización en el *Der nomos der Erde*, aparecido en 1950. Pero Schmitt continuó escribiendo sobre el mismo tema. En 1951 afrontó los riesgos vinculados con la posible unificación técnica y política del mundo, proponiendo la idea de un *nomos* inspirado en una pluralidad de "grandes espacios" (coherente, por lo tanto, con sus puntos de vista de los años cuarenta). En el ensayo *El orden del mundo después de la Segunda Guerra Mundial*, publicado en España en 1962, encaró el tema de la descolonización, de la guerra fría, de la ayuda al desarrollo industrial, de la colonización del espacio cósmico, concluyendo una vez más en la necesidad de dar vida a un nuevo orden espacial sobre la tierra. En la célebre respuesta a Jünger en 1955 —*Die geschichtliche Struktur des heutigen Welt-Gegensatzes von Ost und West*— aclaró el mecanismo de "desafío y respuesta" que se encuentra sobre la base de toda auténtica revolución espacial, rechazó la expectativa jüngeriana de un "Estado mundial" que se encuentre en grado de resolver las tensiones potencialmente destructivas de la era atómica, confirmó la unicidad del pensamiento histórico y de la dialéctica entre tierra y mar y, por último, dejó de lado toda filosofía mecánica de la historia. Hasta que en su último ensayo publicado en vida —*Die Legale Weltrevolution*, de 1978— la reflexión sobre el *nomos* es encarada a través de la crítica al "patriotismo de la especie hombre" y a la idea, implícita en la doctrina universalista de los derechos del hombre y en la organización de la paz mundial garantizada por la ONU, de que la humanidad pueda ser considerada un sujeto político activo portador de un específico poder constitucional. Difícil, en este estado de cosas, definir esta parte de su producción como "nacional-socialista". Sobre todo, a la luz de otras dos consideraciones.

La primera: el análisis de las dinámicas que regulan el desarrollo de las relaciones interestatales y la evolución de las respectivas concepciones histórico-jurídicas, desde la perspectiva teórica de Schmitt, equivale absolutamente a especular sobre el análisis de las dinámicas que preceden al nacimiento y a la consolidación de la unidad política interna. La dialéctica interior-exterior, el vínculo conceptual entre amistad interna y enemistad externa representan pasajes lógicos ineludibles, a tal punto que el estudio de las correspondencias sistemáticas, estructurales y formales entre derecho interno y derecho exterior, en la teoría político-jurídica de Schmitt, representa el paso necesario para poder disponer, finalmente, de una reconstrucción unitaria y compacta de su pensamiento.

La segunda: Schmitt, a la luz de una conciente elección del método, reflexionó siempre a partir del caso concreto, del hecho histórico individual, del desafío de encontrarse en un determinado momento histórico. Es así como se explica que su interés como internacionalista se haya trasladado, alternativamente, desde Versalles y la Sociedad de las Naciones (en el período de Weimar) hasta el análisis de las asociaciones imperiales y del concepto de "guerra total" (en el período inmediatamente anterior y durante el segundo conflicto mundial), desde la conquista del espacio hasta la dialéctica entre Oriente y Occidente, para finalizar con la oposición entre los países industrializados y los países en vías de desarrollo y con el impulso hacia la unificación política del globo perseguida en nombre del concepto político-polémico de "humanidad" (en las tres décadas de la posguerra). Temas indudablemente difíciles de abarcar en argumentaciones de exclusivo carácter técnico-jurídico, siempre en equilibrio entre ideología y ciencia, pero que, por cierto, no pueden ser considerados como mera polémica o propaganda, ni mucho menos al servicio de una ideología imperialista.

Respecto del Schmitt internacionalista, si bien no quede todo por descubrirse, una gran parte aún debe ser comprendida y asimilada. No será inútil, por lo tanto, resumir brevemente las posiciones sobre algunos temas importantes vinculados a la evolución del *ius gentium*, rememorando, junto a los escritos más conocidos, también algunos ensayos menores, injustamente olvidados o dejados de lado. Operación no meramente arqueológica si se tiene presente el debate actual sobre la necesidad de un "nuevo orden mundial" que regule las relaciones internacionales a la luz de aquel *challenge* de la época representado por la caída del comunismo y por el triunfo (más aparente que real) del modelo político-económico liberal, por las migraciones en masa del Tercer Mundo hacia Europa y Occidente, por la globalización de los mercados económicos y financieros y por la competencia vinculada al control de éstos, por el proceso de la unificación europea y por las potencialidades políticas relacionadas con éste, y por último por el delinearse de los Estados Unidos como la única potencia del planeta después de la disolución del duopolio ruso-norteamericano de los años de la guerra fría. *Challenge* al cual hasta ahora se ha respondido con la nueva estrategia de la *peace enforcement* dirigida por la ONU (ya no un organismo internacional compuesto por Estados soberanos e independientes, sino un auténtico gobierno mundial supranacional) con el apoyo militar de los Estados Unidos y de las potencias occidentales, con perjuicio, sobre todo, de países o regímenes no alineados al supuesto "nuevo orden mundial" (Irak, Somalia, Bosnia, Haití). Una "respuesta" que Schmitt habría juzgado seguramente no a la altura del desafío impuesto por la historia y hasta demasiado en deuda con aquel intervencionismo militar-humanitario del cual siempre denunció las contradicciones, las ambigüedades y la incapacidad para reafirmar una "verdadera paz".

La crítica a la Sociedad de las Naciones y al imperialismo norteamericano

Es importante subrayar el hecho de que ya en los primeros escritos internacionalistas de Schmitt se encuentran, aunque apenas delineados o esbozados, algunos de los temas, de las líneas de investigación o de las opiniones críticas que caracterizan la totalidad de su reflexión sobre el *nomos* de la tierra: desde la necesidad de pensar en nuevos órdenes después de la crisis del Estado-nación hasta la aversión respecto a las organizaciones internacionales inspiradas en convicciones morales, desde el nacimiento, en derecho internacional, de los detestados "poderes indirectos" hasta las modificaciones que pasaron por alto el concepto de "neutralidad" internacional y, sobre todo, hasta el resurgimiento, bajo el impulso da la nueva potencia hegemónica estadounidense y de su peculiar concepción del derecho, del concepto de "guerra justa".

Der Völkerbund und Europa relaciona la realidad político-espiritual de Europa con aquélla jurídico-formal de la Sociedad de las Naciones. Si bien es incierta la tendencia de los Estados nacionales a dar vida a asociaciones políticas superiores, de carácter supranacional y continental, es sin embargo cierto, argumenta Schmitt, que la Liga ginebrina no representa una respuesta que se encuentre a la altura de los problemas de Europa y de su necesidad de una nueva configuración espacial y de un nuevo entendimiento político, que lleve a la unidad del continente y a su escalada hasta el rango de potencia mundial, en grado de enfrentar a los Estados Unidos, que se habían impuesto con la intervención —financiera y militar— en el primer conflicto mundial. Respecto de este objetivo político, la Sociedad de las Naciones es completamente ineficaz en virtud, sobre todo, del vínculo jurídicamente problemático pero políticamente bien definido que une a la Sociedad de las Naciones con los Estados Unidos de América. Estos últimos, al término de la guerra, no firmaron los acuerdos de Versalles y prefirieron una paz en forma separada con Alemania (firmada el 25 de agosto de 1921). Además no adhirieron, aunque habiéndola inspirado, a la organización de la Sociedad de las Naciones. Mucho menos pasaron a formar parte de la Corte Internacional de Justicia de la Haya. Formalmente ausentes, los Estados Unidos sin embargo hicieron valer sus intereses políticos directos por medio de los Estados americanos (Cuba, Santo Domingo, Brasil, Haití, Panamá, Nicaragua) miembros efectivos del Consejo de la SDN, además de países estrechamente controlados por los Estados Unidos. Además de todo esto, la diplomacia norteamericana logró el hecho de quedar al margen de la SDN, pero de hacer reconocer explícitamente en el art. 21 del Estatuto de la Sociedad la doctrina Monroe como no opuesta a los objetivos de la Liga ("Les engagements internationaux, tels que les traités d'arbitrage, et les ententes régionales, comme la doctrine de Monroe, qui assurent le maintien de la paix, ne sont considérés comme incompatibles avec aucune des dispositions du présent Pacte"); doctrina sobre cuyo contenido la misma Sociedad y algunos países adheridos a ésta compiten en cuanto a sus límites de aplicación. Para Schmitt, las decisiones de Sociedad de las Naciones, y por lo tanto el destino político de Europa, están influidos por la participación "indirecta" de los Estados Unidos, mientras por el contrario, la Asamblea de Ginebra no puede, en virtud de la doctrina Monroe, ejercer influencia alguna en los asuntos americanos.

Una posición crítica que se desarrollará en el ensayo del '32 sobre la evolución de las formas del imperialismo en el derecho internacional. El punto de partida de este escrito es la afirmación acerca de que negarle el carácter político a los hechos y a los conceptos económicos es una actitud propiamente política. Para Schmitt, justamente en la antítesis, continuamente reafirmada, entre "comercio" y "política", entre "económico" y "político", se encuentra uno de los rasgos típicos del modo de pensar anglosajón y de la especificidad del imperialismo norteamericano, que por ser esencialmente económico, no por esto deja de ser considerado del mismo modo que otros imperialismos clásicos, de los cuales representa una evolución histórica y conceptual.

La reflexión sobre el acontecer político de Europa en el contexto del Nuevo Orden Mundial inspirado en la potencia unipolar norteamericana puede obtener ventajas de las profundizaciones schmittianas sobre el concepto de "Grossraum". Solamente del equilibrio de los "grandes espacios" continentales, políticamente independientes y culturalmente homogéneos, puede surgir un "orden del mundo" nuevo y más justo, luego de la decadencia del bipolarismo ruso-norteamericano.

Cada imperialismo —al igual que cualquier otra actividad política— necesita de un principio de justificación, de un principio de legitimación. Para individualizar el que le corresponde al imperialismo norteamericano, Schmitt analiza las conexiones existentes durante siglos entre los principios de legitimación vigentes en el derecho internacional y las formas jurídicas adoptadas por el imperialismo. Veamos las etapas individualizadas. La primera coincide con la época clásica del jus gentium y del descubrimiento del Nuevo Mundo, y llega hasta el siglo XIX. En esta primera fase, el derecho internacional es el derecho de los pueblos cristianos. La diferenciación cristianos/no cristianos es el principio que justifica la política imperialista de las potencias europeas. La segunda, característica de todo el siglo XIX, se desarrolla a partir de la distinción entre pueblos civilizados, pueblos no civilizados y pueblos semicivilizados. Las formas jurídicas típicas de este período son la "colonia", el "protectorado" y el "mandato". La tercera fase, por último, característica del período económico y coherente con la línea de las características mentales típicas de los pueblos anglosajones, se distingue por la oposición entre pueblos deudores y pueblos acreedores, y es adoptada como un específico criterio legitimador sobre el cual construir conceptos, instituciones, fórmulas y métodos con la forma económica característica del imperialismo. Los "pactos de intervención" y la "cláusula de reconocimiento" de los nuevos gobiernos son los instrumentos jurídico-legales utilizados por lo Estados Unidos en sus relaciones con los demás países del continente americano; en el caso de Europa, los instrumentos "imperialistas" a los cuales poder recurrir van desde la ya señalada alternancia entre la "ausencia oficial" y la "presencia efectiva" (con todo lo esto trae aparejado en términos de incertidumbre jurídica y de inestabilidad política en las relaciones entre los Estados) hasta el empleo de un concepto discriminatorio de guerra, desde el hecho de recurrir a los conceptos generales hasta llegar a la prescripción de los conflictos, establecida a través de tratados internacionales abiertos a cualquier posible arbitraje interpretativo (como es el caso del Pacto Briand-Kellog). Un conjunto de medios que, en su indefinición, expresan un fenómeno histórico más general, asociado al desvanecimiento del *ius publicum europaeum* y a sus facultades para formular preceptos jurídicos conceptualmente rigurosos. Condenar la guerra en cuanto "instrumento de política nacional" (según la formulación del Pacto anteriormente citado), recurrir a la paz como fin de la política llevada a cabo por la Sociedad de las Naciones, utilizar conceptos jurídicos generales significa caer en la relación, hobbesiana por excelencia, entre la política de Estado y el problema de la definición política. ¿Quién decide, por ejemplo, si la guerra es un instrumento (digno de ser condenado) de la política internacional y no, en cambio, una legítima guerra de defensa? Más que la claridad de las nociones y de las formulaciones, aquello que importa, desde el punto de vista del imperialismo, es defender las claves de su interpretación, aplicación y definición. El verdadero problema de cada potencia política conciente del propio rol es, de hecho, establecer y decidir, obteniendo algún provecho, qué es, concretamente, la paz, el desarme, la intervención, el orden, la seguridad pública. Quien sea verdaderamente poderoso también definirá las palabras y los conceptos. *Caesar dominus et supra grammaticam.*

En esta evolución, que señala la escalada de los Estados Unidos a la escena mundial, se desarrolló un rol particular a partir de las metamorfosis de la doctrina Monroe. Nacida como una doctrina defensiva, en conflicto con la Europa de la Santa Alianza, ésta se convirtió primero en el instrumento jurídico de la expansión estadounidense en el continente americano, y a continuación, en el arma política con la cual avalar la política de intervención a escala mundial. Una evolución que ha sido posible a raíz del carácter mismo de la doctrina. Simple declaración unilateral, jamás ratificada por ningún organismo legislativo, la doctrina Monroe ha sido presentada, ya sea como el fundamento jurídico de la política externa norteamericana, ya sea como una simple declaración política de principios, e incluso como un mero mensaje propagandístico. Para Schmitt, en cambio, ésta es un "instrumento político", pero aunque hubiese sido una noción claramente definida en el derecho internacional, poco habría cambiado, ya que en el derecho internacional cada formulación jurídica tiene una inmediata validez política. Más aún, jugar instrumentalmente con la alternativa (irreal en el campo internacional) entre derecho y política, dejando abierto, por lo tanto, el terreno a cualquier posible interpretación de las normas, reglas o doctrinas, es para Schmitt, como ya hemos visto, el estigma de cualquier auténtico y gran imperialismo, ya que ninguna potencia imperialista puede admitir que sus propias acciones estén limitadas por convenciones normativas o por el albedrío interpretativo de otras potencias.

Gran espacio e Imperio

Justamente la evolución de la doctrina Monroe, entendida como "principio espacial en el ordenamiento internacional", es considerada el punto de partida del ensayo de 1939 *Völkerrechtliche Grossraumordnung mit Interventionsverbot für raumfremde Mächte*, fundamental en el marco de la producción internacionalista de Schmitt. Polemizando con el positivismo, Schmitt pretende revalorizar los elementos espaciales y territoriales, considerados en su significado concretamente jurídico. Desde su perspectiva, el derecho internacional es reconocido como un ordenamiento concreto basado en el principio de autodecisión de las naciones, y como un ordenamiento espacial territorialmente concreto y determinado. Aquello que a Schmitt le interesa definir es un principio de ordenamiento espacial jurídicamente fundamentado. Precisamente este principio está establecido en la noción clave de "gran espacio", cuyo precedente histórico más auténtico está representado por la Doctrina Monroe. Su significado originario desde el punto de vista del ordenamiento internacional, puede ser resumido en tres puntos: i) independencia de todos los estados americanos; ii) ninguna colonización en el propio espacio por acción de potencias extrañas a éste; iii) no intervención de potencias no americanas en el espacio definido del continente americano. Una doctrina semejante —que durante décadas ha sido posible utilizar, ya sea en defensa de la más rigurosa neutralidad y del más estricto aislamiento, ya sea como justificación de una política belicosa e intervencionista— representa, por la asociación que establece entre idea política y concepto de espacio, una concepción espacial planetaria con un fin jurídico, y por lo tanto, superior a cualquier otra visión espacial reducida solamente a lo geográfico (como, por ejemplo, la que se halla sobre la base de la geopolítica). La dimensión físico-geográfica del "gran espacio" es, aclara Schmitt, sólo una de las premisas de un auténtico principio espacial. Hacen falta, de hecho, como necesario complemento, una idea política directriz y un pueblo políticamente consciente. La alteración en sentido universalista de la doctrina Monroe puesta en práctica por Wilson nada le quita a su carácter de auténtica visión espacial en grado de orientar las relaciones entre potencias soberanas y la organización del derecho de gentes según las nuevas visiones espaciales.

Aclarado el significado de un auténtico principio espacial y la importancia del concepto de "gran espacio", Schmitt desarrolla una interesante crítica, por lo contradictoria, de la idea de Estado, y enuncia el concepto de Imperio como nueva figura jurídico-política alrededor de la cual poder construir nuevas determinaciones espaciales y territoriales, a mitad de camino entre el Estado en su formulación clásica y el universalismo difundido por la potencia norteamericana. Escribe Schmitt: "La nueva idea, ordenadora de un nuevo derecho internacional, es nuestra idea de imperio que se origina en un ordenamiento de los 'grandes espacios', basado en la nación e impregnado de nacionalismo. En ésta se halla el punto principal de una nueva concepción del derecho internacional, generada en la idea nacional, y que le otorga consistencia a los elementos de orden contenidos en la idea de Estado, pero que al mismo tiempo permite justificar las modernas visiones espaciales y las fuerzas vivas políticamente operantes".

Una posibilidad de rearticulación de las relaciones internacionales parcialmente abandonada en el volumen del '50 *Der nomos der Erde* (en el cual, según escribe Portinaro, parece desaparecer "cualquier veleidosa ilusión sobre el futuro del Reich alemán como portador de un nuevo Grossraumordnung continental"), pero que aparecerá en ensayos posteriores, en los cuales se encuentra nuevamente enunciada la alternativa entre una estructura monopolista (o, como máximo, duopolista) del poder mundial y una estructura pluralista, inspirada precisamente en la idea de los grandes espacios territoriales que compiten en el plano político-cultural y, en particular, en el plano del desarrollo industrial (según una idea muy cercana a aquella enunciada casi durante los mismos años, en el plano del análisis económico, por François Perroux). "Sería erróneo —escribe Schmitt en 1962— (...) ignorar la profunda transformación de la estructura del espacio, que también modifica la idea misma de espacio. La superficie terrestre presenta hoy la imagen de más de cien Estados que pretenden ser soberanos. Todos viven a la sombra del equilibrio atómico de las dos potencias mundiales. Hay una docena aproximadamente que está libre de la alternativa entre los dos bloques mundiales. Ninguno de estos Estados puede eludir la tendencia hacia el 'gran espacio' (Grossraum) sin caer en la insignificancia política. El desarrollo técnico está lejos también del hecho de haber llevado a cabo la unidad política de la tierra y de la humanidad, pero parece que los límites de los múltiples Estados particulares y de sus mercados internos se han empequeñecido demasiado. Entre la unidad del mundo, todavía utópica, y la época, pasada, de las anteriores dimensiones espaciales, se intercala, durante un tiempo, el estadio de la formación de los grandes espacios".

Tierra y mar

Schmitt aborreció siempre cualquier filosofía de la historia, insistiendo, por el contrario, sobre la unicidad del acontecimiento histórico irrepetible. Si el pensamiento humano crea situaciones únicas y, por lo tanto, verdades únicas, es porque, según escribe en el ensayo del '55 ya citado, "cada acción y cada empresa histórica del hombre es la respuesta a una pregunta formulada por la historia. Una situación histórica permanece incomprensible hasta que es entendida como un llamado al hombre y, al mismo tiempo, como la respuesta del hombre a tal llamado". Desde este punto de vista, la oposición entre tierra y mar adoptada por Schmitt como la clave interpretativa de la historia humana —"gran principio de desarrollo de la civilización y (...) el fundamento de las hostilidades políticas que han decidido sobre la suerte de ésta, desde su cuna mediterránea hasta el dominio total del globo terrestre por obra de la técnica del siglo xx" (Portinaro)— no se debe entender como un esquema mecánico de evolución, sino como la individualización de un terreno "elemental" de colisión entre visiones del mundo opuestas, que se han encarnado, en el proceso histórico, en agrupaciones humanas siempre diferentes desde el punto de vista de sus valores espirituales y de su visión político-social. La oposición de tierra y mar, considerada en su desarrollo histórico, desde el contraste entre Atenas y Esparta hasta el contraste entre las potencias de la Europa continental y del bloque anglosajón, ejemplifica, además, el rol que en la orientación política de los pueblos desarrolla toda auténtica revolución espacial, fenómeno temporalmente determinado que Schmitt resume con estas palabras: "Cada vez que bajo la influencia de fuerzas históricas o gracias a la liberación de nuevas energías, entran en el horizonte de la conciencia global del hombre nuevos territorios y nuevos mares, cambian también los espacios de la existencia histórica. Surgen entonces nuevas medidas y nuevos criterios de la actividad histórico-política, nuevas ciencias, nuevos órdenes, una nueva vida como pueblos nuevos y renovados. El crecimiento puede ser tan profundo y sorprendente que cambian no solamente las dimensiones y las medidas, no solamente el horizonte externo de los hombres, sino que también cambia la estructura del concepto mismo de espacio. Se puede hablar entonces de una revolución espacial. Pero también de un cambio de la imagen del espacio. Y éste es el núcleo propio y verdadero del cambio total en lo político, en lo económico y en lo cultural que entonces se desarrolla".

Una revolución espacial fue el descubrimiento del "nuevo mundo", con la competencia frenética por apropiarse de aquellas tierras y con las modificaciones sufridas por los principios característicos de la doctrina del Estado heredada de la Edad Media. Una revolución espacial fue el despliegue de Inglaterra desde la tierra hacia el mar, con el consiguiente desarrollo en sus tierras de la revolución industrial y la perspectiva de un nuevo horizonte de choque político-espiritual entre las potencias marítimas protestantes y las potencias terrestres católicas. Una revolución espacial, en la época del despliegue de la técnica, es la que se anuncia por medio de las conquistas espaciales y del intento de apropiarse de los recursos que deciden el desarrollo industrial. Una revolución que en la opinión esbozada en el célebre *Gespräch über den neuen Raum* de 1958, podría resolverse, tanto en el sentido de un imprevisible desenlace de la técnica (capaz de favorecer la colonización del espacio y el comienzo de un nuevo proceso de civilización o bien la catástrofe de la especie hombre y de la tierra misma), como en el sentido de un encierro dentro de un ordenamiento concreto y de un nuevo *nomos* establecido por un hombre que se redescubre hijo de la tierra firmemente basada.

Las transformaciones del concepto de guerra

En el ensayo de 1938 *Die Wendung zum diskriminierenden Kriegsbegriff* Schmitt había escrito: "Una vez más se revela como una verdad el hecho de que la historia del derecho internacional es la historia del concepto de guerra". *Der nomos der Erde* puede ser considerado, en muchos sentidos, como un estudio sobre las transformaciones sufridas por el concepto de guerra a partir de la Edad Media: desde la "guerra justa" de la visión cristiano-medieval hasta el estado de guerra civil permanente que precede al desarrollo de la doctrina del estado de Hobbes y Bodin, y el nacimiento de las modernas potencias soberanas, desde la "guerra de forma" (conflicto entre "personas" igualmente soberanas) de la época barroca hasta la "guerra total" llevada a cabo en nombre de la ideología, para concluir con el "falso neutralismo" de Versalles, con el "guerra a la guerra" del pacifismo y con la reintroducción subrepticia, en el *international law*, del concepto de "guerra justa", perseguida a través de una concepción polémico-discriminatoria del enemigo. La guerra-duelo, no discriminante, centrada en la diferenciación neta entre milicias combatientes y poblaciones civiles, regulada por normas y procedimientos, obra maestra junto con el concepto de "Estado" del *ius publicum europaeum*, de hecho le cedió el lugar a la guerra como crimen internacional legalmente sancionado por organizaciones supranacionales. Con el advenimiento de un derecho internacional inspirado en principios humanitarios, que aportan nuevas líneas de división y una concepción discriminatoria en las relaciones entre los Estados, se desvanece, por lo tanto, la idea del *iustis hostis*, de un enemigo que también puede tener razón. Lo que significa, en perspectiva, abrir de nuevo y completamente el abismo de la guerra civil, en una dimensión de aniquilamiento total y planetario, que se logra a partir del desvanecimiento de cualquier "limitación" y de la evolución contextual de las técnicas de destrucción.

Hay en particular un paso conclusivo del *nomos der Erde* —dedicado a la relación que existe entre discriminación del enemigo, justa causa y potenciación de los medios de aniquilación— que parece escrito justamente para explicar la dinámica política que respalda la política de intervención militar y de *police bombing* adoptada en los últimos años con fines humanitarios o de restablecimiento de la legalidad internacional por las Naciones Unidas, y llevada a cabo con el auxilio militar, principalmente de los Estados Unidos. Escribe Schmitt: "Si [en un conflicto] las armas son desparejas de modo evidente, entonces cede el concepto de guerra recíproca, cuyas partes se sitúan en el mismo plano. Es, de hecho, propio de un tipo de guerra semejante, que se dé una cierta y determinada chance, un mínimo de posibilidades de lograr una victoria. Si ésta se desvanece, el adversario se transforma solamente en un objeto de coacción. Se agudiza, entonces, en la medida correspondiente, el contraste entre las partes en conflicto. Quien se halle en estado de inferioridad ubicará la distinción entre poder y derecho en los espacios del *bellum intestinum*. Quien sea superior verá en esta superioridad en el plano de las armas una prueba de su justa causa y declarará criminal al enemigo, desde el momento en que el concepto de justis hostis ya no es factible". La guerra del Golfo —definida por Günther Maschke, en una visión neoschmittiana, como la forma de guerra típica del pacifismo— expresó de la mejor forma posible la imposición definitiva de un nuevo concepto de guerra que despoja al respectivo concepto de paz de su significado eminentemente político, para reducirlo a una dimensión paradójicamente polemológica.

¿Gran espacio o universalismo?

Es la alternativa explícitamente planteada en un ensayo de 1940 e implícitamente aludida en toda su producción internacionalista. Para Schmitt, el universalismo, para el cual son intrínsecos el reconocimiento de la humanidad en perjuicio de un sujeto autónomo y político, y el rechazo de una concepción pluralista de los "grandes espacios", representa exactamente lo opuesto a cualquier exigencia jurídica de ordenamiento del espacio. Una visión espacial de la política no puede sino oponerse a una concepción que tiende en cambio a considerar la Tierra como una unidad potencial, bajo la forma de un mercado único, regido por un gobierno supranacional, exento de límites y de espacios territoriales política y culturalmente delimitados, una concepción en la cual, evidentemente, la actividad política está destinada a disolverse en una acción policíaca.

El hemisferio occidental en contra de Europa

Asociada con la polémica contra el universalismo, se encuentra la reflexión sobre Europa y sobre la fractura introducida, en las relaciones internacionales, por la llamada línea del "hemisferio occidental", la línea global de división del mundo introducida por la doctrina Monroe y utilizada "de modo tal que los Estados Unidos sean identificados con todo aquello que de moral, civil o político hay en la sustancia de este hemisferio". Línea, por lo tanto, políticamente antieuropea, trazada para distinguir el reino de la moralidad, de la paz y del derecho del mundo corrupto representado por Europa, antiguo Occidente. Una dialéctica aludida por Schmitt en el *Der nomos der Erde* y destinada a acentuarse en nuestros días, después de la caída del comunismo y de la vinculada y obligada "solidaridad" entre Europa y los Estados Unidos en el marco común de un Occidente defensor de los derechos de la libertad política y económica, en contra del Este totalitario.

Sugerencias...

Confirmada la relativa actualidad de las opiniones críticas elaboradas por Schmitt en sus estudios sobre el *nomos* de la tierra (todavía por desentrañar con atención), es posible adentrarse hasta el punto de desear una profundización de sus esquemas interpretativos a la luz de un contexto político internacional, que exprese con fuerza creciente la exigencia de un "nuevo orden", de un nuevo *nomos* inspirado en el pluralismo de los grandes espacios y polémico con relación a cualquier proyecto de "Estado mundial" o de "unidad del mundo", y contrario a la visión de que, bajo la influencia de las filosofías de la historia del siglo XIX, predice el "final de la historia" y la estabilización planetaria del orden político liberal. Recientemente, en la revista *Foreing Affaire*, el politólogo Samuel Huntington predijo un futuro de (potenciales) conflictos sobre la base de la cultura, un *clash of civilizations* que embestirá a las ocho civilizaciones presentes actualmente en el mundo: occidental (Europa y los Estados Unidos), confuciana, japonesa, islámica, hindú, eslavo-ortodoxa, latinoamericana y africana. Espacios de civilizaciones que corresponden a otros tantos "grandes espacios" en sentido político, cultural y espiritual, de la relación entre los cuales, relación al mismo tiempo conflictiva y cooperativa, podrá derivar, bajo la forma de asociaciones neoimperialistas, un autentico "nuevo orden mundial".

Parlamentarismo y democracia. Las doctrinas de Carl Schmitt y René Capitant

Xavier MARCHAND

No es fácil establecer paralelismos entre la obra de René Capitant y la de Carl Schmitt. A primera vista, todo parece oponerse entre estos dos juristas con trayectorias personales bastante disímiles. ¿Qué pueden tener en común, analizándolo a fondo, un profesor francés de derecho público juzgado por comodidad como un "gaullista de izquierda", y un teórico político alemán, figura principal de la Revolución Conservadora? ¿Un seguidor incondicional del general De Gaulle, protagonista hasta 1969 de una agitada carrera política, y un teórico alemán, controvertido y polémico que, después de la Segunda Guerra Mundial, se limitó a publicar obras que encontraron un público atento, sólo después de mucho tiempo, más allá del Rin y en Italia, y por último también en Francia? ¿Qué pueden tener en común, por último, una figura del derecho público francés —estimada en un momento, hoy casi olvidada— y uno de los intelectuales alemanes, junto a Heidegger, cuya obra y vida, principalmente, han sido objeto de incesantes investigaciones y de continuas sospechas causadas por sus ambigüedades ideológicas?[1]

---

[1] En lo que respecta a Capitant, aquí se hace referencia, en particular, a los siguientes escritos: *Écrits constitutionnelles*, Editions du C.N.R.S., París, 1982 (con prólogo de Marcel Waline); *Écrits politiques*, Flammarion, París, 1971 (con prólogo de Louis Vallon). De Schmitt, en cambio, se tuvieron presentes principalmente la *Verfassungslehre* (1928); *Der Hüter der Verfassung* (1931); *Die geistesgeschichtliche Lage des heutigen Parlamentarismus* (1923).

Sin embargo, confrontar en un espacio de pocas páginas los trabajos de estas dos personalidades no representa un riesgo inútil. Para comenzar, Schmitt y Capitant se conocieron y se encontraron en Berlín antes de la guerra, y se demostraron afecto abiertamente, como lo demuestra la correspondencia de ambos en relación con Hobbes. Los dos juristas, además de la estima recíproca que se prodigaron, coincidieron también en muchos temas importantes desde el punto de vista doctrinal, no obstante la diversidad de sus opiniones personales. Por último, parece ser cierto que la obra del jurista alemán tuvo gran influencia sobre la de Capitant, sobre todo durante los primeros años de la V República francesa.

Dos destinos cruzados

Más joven que Schmitt, René Capitant (nacido en 1901) se dio a conocer en 1928, gracias a una importante tesis de doctorado sobre el imperativo jurídico, en la cual, aunque el nombre de Schmitt nunca fue citado, se rechaza categóricamente la doctrina kelseniana de la norma fundamental o Constitución hipotética: "Nosotros combatimos estas teorías, así como sus premisas", escribe Capitant. A continuación, Capitant se interesará cada vez más en la problemática constitucional y en la participación democrática, y criticará en 1932 la obra de Schmitt *Der Hüter der Verfassung* aparecida el año anterior. Con referencia a este artículo y a la correspondencia mantenida entre los dos juristas con relación a Hobbes durante los años treinta, la admiración y la estima eran recíprocas, y en ellas se basaba su relación. Ambos, frente a la caída de Weimar, habían puesto sus esperanzas en la persona del presidente del Reich, Hindenburg, considerado el último baluarte de la agonizante República. Las reflexiones de Schmitt sobre los plenos poderes del presidente del Reich tuvieron una indiscutida influencia sobre el proyecto de constitución de Capitant, que tanta importancia tuvo después para la V República de de Gaulle. Obviamente una cosa diferente es afirmar, como a menudo se escucha repetir, que Schmitt habría sido el inspirador de la V República. El interés común por Hobbes, su aversión constante en relación con el normativismo jurídico y su apoyo a la elección por sufragio universal del Presidente (tanto del Reich como de la República), aproximan a estos dos juristas de personalidad y trayectorias tan diferentes. A pesar de la correspondencia anterior a la guerra, poco se sabe de su relación. Es seguro, como ya se ha dicho, que se encontraron en Berlín en los años treinta, posiblemente durante una visita de Capitant a

Alemania. Coincidieron, principalmente, en los textos y en las ideas. En numerosos artículos de Schmitt se cita a Capitant. Este último, a su vez, no dudó en citar al jurista alemán, ya sea antes o después de 1933. Sus análisis, a menudo similares, se refieren a situaciones institucionales muy diferentes entre sí, desde el totalitarismo al parlamentarismo, al problema de la democracia directa.

Salvar a Weimar

En la Alemania de Weimar, la reelección de Hindenburg en la primavera del año 1932 había intensificado el debate sobre la posición constitucional del presidente del Reich. Hindenburg ya había sido electo en 1925 por sufragio universal por más de quince millones de alemanes. De esta manera había sido aplicado, por primera vez, el principio del plebiscito previsto por la Constitución de Weimar. La presidencia de Hebert, también ésta con pleno ejercicio de sus poderes, se había quedado aferrada a la concepción típica del régimen parlamentario clásico, ejercitando un rol de mediación durante las crisis ministeriales, o haciendo valer la propia influencia sobre los dirigentes del partido. Hindenburg, en cambio, le había dado un cariz diferente a la función presidencial. Junto al Reich, debido al texto constitucional, ésta, además de encarnar la unidad nacional, intervenía en la escena política como un poder constitucional de mayor rango. En efecto, se trataba de un retorno al espíritu original de la Constitución de Weimar, tal como había sido concebida por Hugo Preuss, que quería un poder presidencial capaz de defender la Constitución y la unidad política del pueblo alemán de los peligros que lo amenazaban.

En octubre de 1930, Aristide Briand, que tanto había combatido a favor de una distensión y de una normalización de las relaciones franco-alemanas, lanzaba al mundo un llamado en contra del naciente extremismo alemán.

Antonio Caracciolo, a quien se le debe un importante estudio sobre las relaciones entre Schmitt y Capitant *(Carl Schmitt, René Capitant e la dottrina dei limiti materiali)*, enfatiza que "en su crítica a la obra de Schmitt *Der Hüter der Verfassung*, René Capitant resaltaba la oposición de fondo existente entre el respeto aparente a los procedimientos formales que estaban próximos a conducir el nazismo al poder, y los valores esenciales de la

Constitución de Weimar. En su artículo, con fecha "Estrasburgo, 1º de marzo de 1932", el jurista francés invitaba profética y curiosamente a Hindenburg a intentar un golpe de Estado, preguntándose si, por casualidad y en ciertas circunstancias, una auténtica relación de lealtad no obligaba al Presidente a violar el texto de la Constitución para salvar un principio de la misma. Un caso de conflicto entre legalidad y legitimidad planteado aquí claramente, con referencia a una situación determinada".

El pensamiento decisionista schmittiano, que René Capitant aprueba concretamente en 1932, no equivale a la teorización de lo arbitrario, sino a la fundación de un orden político que se apoye sobre una voluntad constituyente siempre válida. En relación con el carácter suprapersonal de la concepción institucionalista que se limita, vez por vez, a reconocer un hecho como jurídicamente importante o insignificante, y con relación al carácter impersonal del normativismo puro, que resulta ser absurdamente carente de cualquier relación histórica, el carácter personal del pensamiento decisionista permite la máxima congruencia con relación al caso imprevisto e imprevisible. "Paradójicamente, escribe Caracciolo, el orden concreto, y en consecuencia, también la situación 'normal', pueden ser eficazmente defendidos solamente por quien puede decidir en la situación de excepción. Poco importa que la decisión sea adoptada concretamente por un órgano monocrático o por un régimen de asamblea; lo que importa es la materialización del principio según el cual el pueblo es el titular de la decisión política fundamental (...). En el sistema de Weimar, el presidente del Reich era el intérprete más autorizado del carácter político de la organización estatal. Por lo tanto, es lógico que Schmitt y Capitant hayan pensado en esta figura para un salvataje extremo de los valores políticos fundamentales admitiendo, coherentemente con la idea que los dos juristas tenían de la Constitución y de la democracia, la violación ya sea del texto o del procedimiento constitucionales".

Para ambos, es en este punto cuando se plantea claramente el problema del conflicto entre legalidad y legitimidad, y la problemática de los límites materiales de la revisión constitucional. El problema de la formación de un tribunal constitucional, o bien de la legitimidad de un cambio esencial en este tribunal, puede estar comprendido en términos estrictamente políticos. Lo jurídico es un hecho posterior a una convergencia de voluntades políticas que tienen como objetivo la creación de un orden pero, para Schmitt, es igualmente inadmisible cualquier pretensión de canalizar dentro de procedimientos constitucionales o de fijar dentro de espacios jurídicos predeterminados, la irrupción de la voluntad soberana y constituyente de un pueblo. "Y es en este sentido, escribe Caracciolo, que se puede hablar, con justicia, de decisionismo schmittiano. Para Schmitt, que ubica el poder constituyente democrático en el plano de la inmanencia, la historia humana no obedece a un dibujo divino y no está gobernada por categorías morales sino que, en cambio, está expuesta al riesgo existencial de la acción política, es decir, de una actividad orientada hacia la diferenciación amigo-enemigo. Es llamativo que Schmitt y Capitant, enfrentados a la decadencia de la Constitución de Weimar, hayan vuelto a poner, contemporáneamente, sus esperanzas en el Presidente del Reich, Hindenburg, visto como el último guardián de la República agonizante, y que ambos se hayan sentido desilusionados por el viejo Mariscal, el cual, en cambio, volvió a otorgar los plenos poderes a quien, para ellos, era el enemigo del orden constitucional aún vigente. Tanto para Carl Schmitt como para René Capitant es evidente que el presidente del Reich representaba el poder legítimo mas alto y encarnaba, además, lo que aún seguía siendo vital en la Constitución de Weimar".

Hobbes y el totalitarismo

En 1936, René Capitant hace referencia expresamente al pensamiento de Hobbes: "Parece difícil negar el parentesco profundo entre la ciudad de Hobbes y el Estado totalitario" (René Capitant, *Hobbes et l'État totalitaire*, "Archives de philosophie du droit et de sociologie juridique", 1936, pág. 47; se trata de una crítica al volumen de Vialatoux sobre Hobbes). A las mismas conclusiones llega Vialatoux (cf. J. Vialatoux, *La cité de Hobbes. Théorie de l'État totalitaire*, París-Lyon, 1935), cuya obra sobre Hobbes ha sido leída atentamente tanto por Capitant como por Schmitt. Si bien el libro de Vialatoux está "vigorosamente escrito y pensado" según la opinión de Capitant, ambos autores mantienen sus reservas con respecto a éste. Éstas se relacionan con el catolicismo de Vialatoux, que lo impulsa a confundir el Estado racionalista con el Estado totalitario. Él arroja sus dardos contra la filosofía moderna, responsable de todos los males y también de la creación del Estado moderno, que "conlleva en sí mismo la raíz y el riesgo del estatismo totalitario". Una actitud similar, advierte Capitant, lleva a Vialatoux "a enfatizar, quizás extremadamente, las similitudes que sin duda existen entre la Ciudad de Hobbes y el Estado totalitario, y a dejar de lado, al mismo tiempo, las diferencias profundas que separan la doctrina del filósofo inglés, racionalista e individualista, de las doctrinas organicistas y místicas que sacuden la Alemania del Tercer Reich".

Schmitt, a su vez, retoma la temática de Hobbes en un artículo de 1937. Ya la había abordado en *Der Begriff des Politischen*, en el cual significativamente se afirma (texto de la edición de 1932) que, para Hobbes, "Soberanía del derecho no quiere decir otra cosa que soberanía de los hombres que establecen y aplican las normas jurídicas"; la desarrollará completamente en 1938 en *Der Leviathan in der Staatslehre des Thomas Hobbes*. En este ensayo, aparecido cuatro años después de la toma del poder por parte de Hitler, luego de haber individualizado dos orientaciones diferentes, la de Descartes —que vivía en una Francia en la cual el Estado ya existía y en la cual su construcción podía verse a través de la óptica renacentista de la obra de arte— y la de Hobbes —que, por el contrario, tenía ante sus ojos el espectáculo desolador e inquietante de la guerra civil— Schmitt resume de este modo la posición fundamental del pensamiento hobbesiano: "Punto de partida de la construcción del Estado, en Hobbes, es el miedo al estado natural; objetivo y punto terminal es la seguridad de la condición 'civil', estatal. En el estado natural, cada uno puede matar a quien sea, y todos lo saben; cada uno es enemigo y compite con el otro: es el célebre 'bellium omnium contra omnes'. En la condición 'civil' y estatal, en cambio, todos los ciudadanos del Estado tienen asegurada su existencia física; aquí reinan la paz, la seguridad y el orden. Ésta es, claramente, una definición de la policía" (el ensayo del cual está tomada la cita es el célebre *Der Staat als Mechanismus bei Hobbes und Descartes*).

"Schmitt, observa Caracciolo, también habla del libro del 'católico francés' Vialatoux y comparte, con respecto a aquél, las reservas expresadas por el 'distinguido jurista de derecho público francés René Capitant'". Vialatoux presenta a Hobbes, escribe Schmitt, "como el filósofo del totalitarismo moderno, y luego lo eleva a la categoría de numen tutelar, sin tener en cuenta el bolchevismo, el fascismo, el nacionalsocialismo y los 'Deutschen Christen'". Se trata, por otra parte, de una ambigüedad favorecida por el mismo Hobbes, tal como lo demostró Capitant, cuyos análisis son retomados por Schmitt, quien se limita a formularlos de diferente forma y a completarlos. En particular, Schmitt ve en el Estado moderno el primer gran producto de la era de la técnica: "El Estado que surgió y se impuso en el continente europeo durante el siglo XVII es, efectivamente, una obra humana, y es completamente diferente a las formas precedentes de unidad política: se lo puede reconsiderar como el primer producto de la época de la técnica, como el mecanismo moderno en gran escala o bien, según la eficaz formulación de Hugo Fischer, como la 'machina machinarum'. Con el Estado, no solamente se creó un presupuesto esencial, histórico-espiritual o sociológico para la época técnico-industrial posterior; el Estado es ya en sí mismo un producto típico; más aún, un prototipo de esta nueva época".

Además, el adjetivo mortalis aplicado por Hobbes a este nuevo *deus*, el Estado que cumple el "milagro" de aportar la paz y la seguridad a los hombres atormentados por el miedo, que transforma los lobos en ciudadanos, está explicado por Schmitt en términos no inquietantes en el plano metafísico: "el 'deus mortalis' es (...) una máquina cuya 'mortalidad' radica en el hecho de que un día será destrozada por la guerra civil o por la rebelión".

Como se ha visto, ya sea que se trate de los medios para salvar la República de Weimar, o bien de la interpretación institucional de los Estados totalitarios o, en menor medida, de Hobbes, Schmitt y Capitant, se reencuentran sobre las mismas bases; no debe asombrar, entonces, el hecho de constatar que, discutiendo sobre parlamentarismo o sobre democracia, éstos demuestran tener también sobre estos temas puntos de vista casi paralelos.

Parlamentarismo y democracia

Durante el transcurso del siglo XIX, parlamentarismo y democracia estaban vinculados a tal punto que se identificaban el uno con el otro. Tanto para René Capitant como para Schmitt se puede tener una democracia sin hacer referencia al parlamentarismo moderno, así como puede existir un parlamentarismo sin democracia.

En sus respectivos escritos, Schmitt y Capitant diferencian netamente la democracia representativa, la cual vinculan con el parlamentarismo, de la democracia directa. "Indudablemente, escribe René Capitant, la ficción de la soberanía nacional tuvo constantemente como objetivo y como resultado el hecho de disimular, a los ojos del pueblo, este dato fundamental del derecho público francés, como un modo de provocar confusión entre soberanía popular y soberanía parlamentaria, en perjuicio de la claridad y de la fuerza con las cuales Rousseau había demostrado hasta qué punto contrastaban las dos nociones. Pero es precisamente sobre esta ficción y sobre la confusión que deriva de ésta que se intentó construir (al menos en Francia) la legitimidad del régimen parlamentario. Es ésta, de todos modos, la que le permitió a la soberanía del Parlamento el hecho de afianzarse de manera tan absoluta, tanto con relación al poder ejecutivo —excluido de cualquier participación en la soberanía— como al pueblo mismo, mantenido perfectamente al margen de cualquier forma de democracia directa" (cf. Capitant, *Écrits constitutionnelles*). Para Capitant, es un error el hecho de definir el régimen parlamentario únicamente en virtud de la responsabilidad de los ministros ante el Parlamento, ya que esta última es, en realidad, una consecuencia del parlamentarismo y no uno de sus principios constitutivos. Para este seguidor incondicional del general De Gaulle, "el principio del régimen parlamentario es, por cierto, la soberanía del parlamento. A causa de que el parlamento es soberano —y el único soberano— es que los ministros son responsables ante éste, y únicamente ante éste. Si esto no ocurre en un régimen presidencial, es porque el Parlamento ya no es el único soberano, sino que comparte la soberanía con el presidente. Y si esto no ocurre —al menos en última instancia— en el régimen democrático, es porque la soberanía parlamentaria está antes que la soberanía popular. Si se acepta esta definición, de ésta se deduce que la III República era precisamente, en el sentido más completo de la expresión, un régimen parlamentario. Ningún otro régimen más que aquél estaba, de hecho, basado en el principio de la soberanía del Parlamento. Respecto de esto, no puedo más que hacer referencia a la admirable demostración de Carré de Malberg" (ibid.).

Tanto para Schmitt como para Capitant, tanto la definición del parlamentarismo como la definición de la democracia representativa constituyen una definición crítica. Ambos asocian el parlamentarismo con el liberalismo económico y con el individualismo, que ambos aborrecen. Para Capitant, al régimen representativo le corresponde, en el plano social, el régimen capitalista que él combatirá sin tregua en el seno del UDT. Para Schmitt, al parlamentarismo le corresponde el individualismo destructor y su corolario, el liberalismo político y económico, que él juzga muy negativamente. En conclusión, ambos no ahorran críticas dirigidas hacia el parlamentarismo.

Sin embargo sus estudios están, ante todo, consagrados a un trabajo de definición y de diferenciación de las diferentes organizaciones políticas. Tanto para Capitant como para Schmitt, las definiciones son numerosas: "Las diferentes representaciones de la identidad, escribe por ejemplo Schmitt, dan razón de todos los fenómenos democráticos específicos: la diferenciación entre democracia representativa y democracia directa deriva del hecho de que la representación mantiene aún en su interior elementos personalistas, mientras que la democracia directa trata de concretar una identidad objetiva; por lo tanto, los dos tipos de democracia deben estar relacionados con las dos formas diferentes de representación de la identidad" (cf. Carl Schmitt, *Die geistesgeschichtliche Lage des heutigen Parlamentarismus*). "¿Pero cómo es posible concebir, hoy en día, la dualidad entre gobierno y Parlamento?", se pregunta Capitant. "No se puede recurrir - explica - a las viejas definiciones sobre la separación de poderes. Es sabido, efectivamente, que el Parlamento no puede legislar eficazmente si no es con la ayuda y bajo la iniciativa del gobierno, el único que está en condiciones de preparar proyectos de ley válidos y coherentes. A tal punto que se puede decir: gobernar es legislar o, al menos, dirigir la tarea legislativa del Parlamento". Capitant cita con éste propósito al decano Georges Vedel: "La función del Parlamento no es la legislación, sino la crítica, el control, el consenso". "Es ésta, en el fondo, escribe Capitant, la realidad moderna. Lo que erróneamente es llamado 'Poder ejecutivo', y que es preferible denominar 'gobierno', tiene como función dirigir la política nacional. El gobierno es la guía política de la Nación, y, a fortiori, el hombre que conduce auténticamente el Estado es el verdadero jefe del gobierno. Como dicen los ingleses, el rol del gobierno es el de ejercitar la *leadership* frente a la Cámara de los Comunes, pero también con relación a la Nación" (René Capitant, *Écrits politiques*).

Tanto para Capitant como para Schmitt, el Parlamento no debe ejercitar el Poder Legislativo solo, lo cual equivaldría al ejercicio de la actividad del gobierno. Su función es la de controlar el gobierno, de enmendar y, cuando es necesario, de rechazar los proyectos de ley que considera poco adecuados, y por último, de remover de su cargo a los ministros cuya política condena. El voto del *budget* y el voto de las leyes deben ser considerados como el ejercicio de un derecho de veto más que como una prerrogativa positiva. Para nuestros dos juristas, es al gobierno a quien le corresponde actuar positivamente, no sólo haciendo que las leyes sean aplicadas, sino también concibiendo y proponiendo las grandes reformas legislativas que la rápida transformación de las sociedades modernas hace que sean constantemente necesarias. Al Parlamento, en cambio, le corresponde ejercitar un control preventivo sobre estas reformas.

Una definición similar de la representación

Es posible establecer un paralelo profundo entre René Capitant y Carl Schmitt a propósito de la teoría de la representación nacional. Para ellos no existen dudas acerca del hecho según el cual el interés general es la suma de todos los intereses particulares, y la representación nacional de tipo parlamentario no corresponde al órgano de la voluntad general. "La justificación más antigua sobre el Parlamento, escribe Carl Schmitt, a la que se recurrió sin interrupción durante el transcurso de los siglos, aparentemente reside en una consideración de oportunidad: para ser precisos, el pueblo debería decidir en su totalidad efectiva, como sucedía anteriormente cuando todos los miembros de la comunidad podían reunirse aún en la plaza del pueblo; pero por razones prácticas, hoy en día se volvió imposible reunir a todos juntos en el mismo momento y en la misma plaza; además es imposible interrogar a todos y a cada uno acerca de la propia opinión en particular; ésta es el motivo por la cual se recurre razonablemente a una comisión elegida constituida por personas confiables, es decir, el Parlamento. De este modo nace la fórmula tan conocida: El Parlamento recibe una encomienda del pueblo, el gobierno recibe una encomienda del Parlamento. Desde el punto de vista ideal, el Parlamento aparece entonces como una realidad fundamentalmente democrática. Pero en cambio no es así, aunque esto sea similar y se acerque a las ideas democráticas; no es por casualidad que los argumentos sobre los que se basa ésta teoría están siempre formulados desde el punto de vista práctico y de la oportunidad. Si por razones de orden práctico y técnico muchas personas confiables deciden en lugar del pueblo, así también una única persona confiable puede, después de todo, decidir en nombre del pueblo mismo, sin dejar por esto de ser democrática: dicho argumento podría justificar de esta manera un cesarismo antiparlamentario". Hay también una contradicción, concluye Schmitt, con una frase que bien podría haber sido escrita por Capitant: "mientras el Parlamento, en su calidad de comisión de primer grado, debe permanecer independiente del pueblo durante el período legislativo y no es revocable a voluntad, el gobierno surgido del Parlamento, comisión de segundo grado, permanece en todo momento dependiente de la confianza del de primer grado y por lo tanto, puede ser revocado en cualquier momento" (Carl Schmitt, *Die geistesgeschichtliche Lage des heutigen Parlamentarismus*).

Las contradicciones del parlamentarismo

En teoría, cada diputado es el representante de la Nación y solamente de ésta. Por el contrario, los dos juristas saben que en la práctica las cosas ocurren de manera completamente diferente, y que la representación nacional permanece sólo en la teoría. Un diputado, tal como lo demuestra Capitant, llega a considerarse debido a la fuerza de los acontecimientos también diputado de la propia circunscripción, y a actuar como abogado de esta última con respecto al poder central. "La tradición radical francesa, escribe, tan bien representada por Alain, considera incluso que esta función de representación local está por encima de la función de legislador nacional. Por otra parte, aquélla es indispensable, y el ciudadano francés se siente muy ligado a ella. Sería en vano e injusto tratar de luchar contra una evolución que responde a una necesidad tan profunda. Es necesario, entonces, que el Parlamento sea un 'cuerpo intermedio', gracias a los vínculos personales y humanos que sus miembros establecen entre un Estado cada vez más burocratizado, y los individuos y las organizaciones de cualquier índole, de las cuáles éste es el representante. Pero esta evolución, concluye Capitant, tiene una parte opuesta: el Parlamento satisface de manera incompleta e imperfecta su función de representación nacional; éste debería ser, más allá de todos los intereses particulares, el órgano de la voluntad general. El interés general, común a todos, no es la suma de los intereses particulares, en oposición unos contra otros. J. J. Rousseau lo demostró luego de Tomás de Aquino, y nada puede negar esta verdad sin poner en peligro la democracia" (René Capitant, *Écrits politiques*).

Una crítica convergente al parlamentarismo

En las definiciones que tanto Schmitt como Capitant dan del parlamentarismo, se reconoce netamente la voluntad de éstos de limitar la posición y el papel del Parlamento. Sus escritos y sus acciones atestiguan que ellos no creían en el hecho de que el carácter público y la discusión por sí misma permitan que la fuerza y el poder permanezcan por encima como hechos brutos y conduzcan al triunfo del derecho sobre la fuerza. No estaban en absoluto convencidos de que todo progreso, incluido el progreso social, se concretara a través de las instituciones representativas, es decir, a través de la libertad regulada por las discusiones públicas del Parlamento, a través de los principios de la razón dentro de la política; Schmitt y Capitant constatan que todos los acontecimientos sociales están completamente al margen de semejante fe. La realidad de la vida parlamentaria y de la vida de los partidos políticos, así como también la de la convicción general alejan, evidentemente, a estos dos hombres de los propósitos optimistas que, a menudo, son puestos nuevamente en el principio de la representación parlamentaria, como aquello que expresó Bentham, que pueden tener "el efecto de una sátira cuando son citados: 'El Parlamento es el lugar de encuentro de las ideas; el encuentro entre las ideas produce chispas y conduce a la evidencia'". (Carl Schmitt, *Die geistesgeschichtliche Lage des heutigen Parlamentarismus.*)

Si el espacio público y la discusión se transformaron, en cierta medida, en una formalidad vacía y caduca en la realidad efectiva de la actividad parlamentaria, "entonces también el Parlamento, escribe Schmitt, tal como se desarrolló a partir del siglo XIX, perdió tanto la base que lo sostenía hasta hoy como su sentido último" (ibid.)

Tanto para Schmitt como para Capitant, se puede ser democrático y oponerse al parlamentarismo. El antiparlamentarismo democrático es, por otra parte, uno de los rasgos comunes más característicos de nuestros dos juristas. Capitant, por ejemplo, hace referencia a las posiciones de Rousseau, el cual, en su opinión, nunca dejó de provocar en Francia, de manera más o menos conciente, una protesta democrática contra el traspaso abusivo de la soberanía del pueblo al Parlamento, y más generalmente, a los denominados representantes. Para Capitant, el sentido profundo de la Constitución de 1793 se puede buscar en esta protesta continua. Éste siempre es el sentido, escribe, "de la reivindicación retomada frecuentemente por el movimiento socialista y por el movimiento anarquista; en una palabra, la base del antiparlamentarismo democrático" (René Capitant, *Écrits constitutionnels*). No es a las modalidades, sino al principio del régimen representativo al que Capitant se aferra, y es en nombre de la democracia que se alza contra este último, negándole la legitimidad popular. Sus posiciones hacen referencia a las de Schmitt, quien aclara que "la fe en el parlamentarismo, en un *government by discussion*, pertenece al universo de pensamiento del liberalismo. Ésta no le pertenece a la democracia. Las dos realidades, liberalismo y democracia, deben diferenciarse para poner en evidencia la construcción heterogénea que constituye la democracia de masas moderna" (Carl Schmitt, *Die geistesgeschichtliche Lage des heutigen Parlamentarismus*). Capitant, a su vez, asocia frecuentemente el parlamentarismo con el universo de pensamiento del liberalismo. "Al régimen representativo le corresponde, escribe, en el plano social, el régimen capitalista" (René Capitant, *Écrits constitutionnelles*).

El presidente elegido por el pueblo, garante supremo de la unidad política

Si la situación del parlamentarismo es tan crítica en nuestros días es porque la evolución de la democracia de masas moderna hizo de la discusión pública, con sus argumentaciones, una formalidad vacía. "Numerosas normas del derecho parlamentario, recuerda Schmitt, y en particular las prescripciones sobre la independencia de los elegidos y sobre el carácter público de los debates, logran el efecto, por tal razón, de una decoración superflua, inútil y, al mismo tiempo, incómoda (...). Los partidos (que oficialmente ni siquiera existen en el texto de la Constitución escrita) no se enfrentan, hoy en día, en el plano de las opiniones, sino que, en cuanto grupos de presión social o económica, éstos miden sus intereses y sus posibilidades de acceso al poder, y sobre esta base factual, acuerdan compromisos y coaliciones. La argumentación en sentido propio, como algo característico de una discusión auténtica, simplemente desapareció. En su lugar, en las negociaciones partidarias, se calculan con atención los intereses y las oportunidades de acceso al poder" (Carl Schmitt, *Die geistesgeschichtliche Lage des heutigen Parlamentarismus*). Esto le hace comentar a René Capitant que el sistema parlamentario tiende a conservar la "pirámide" institucional sobre la punta, en vez de apoyarla sobre una base popular. Durante la III y la IV República, Capitant se opuso, tal como Schmitt en Weimar, a la soberanía absoluta del Parlamento. Durante el régimen actual (la III República), enfatiza Capitant, "el Parlamento no es sólo soberano, sino soberano absoluto. Es el principio fundamental de la III República, salvaguardado en Francia más celosamente que en cualquier otra nación occidental. Todo se calcula y se dispone de modo que, al margen de las elecciones —consideradas como una pura y simple designación del soberano— el pueblo quede absolutamente excluido del ejercicio de la soberanía. Basta juzgar a partir de estas características: rechazo, mezcla de horror y de miedo, hacia el referéndum y la iniciativa popular; rechazo hacia el ejercicio de la disolución, en la cual —con instinto seguro— se reconoce una forma de arbitraje popular; adhesión al escrutinio por circunscripciones, cuya función es mantener la elección en su función puramente electiva y evitar cualquier desviación hacia formas de consulta que puedan permitirle al pueblo afirmar una voluntad susceptible de condicionar a los elegidos; por último, desconfianza respecto del sufragio universal, mutilado a través de la exclusión de las mujeres y limitada con relación al Senado, para el cual se eligen sólo los hombres destacados, con un poder equivalente al de la Cámara". Todas estas características convergentes son, para Capitant, manifestaciones del principio representativo. Éstas demuestran a la perfección la naturaleza profundamente antidemocrática de la III República. En ésta prevalece una oligarquía de elegidos, una oligarquía soberana, cuya soberanía no conoce y no quiere conocer ninguna limitación.

Para este incondicional seguidor de de Gaulle, la III y la IV República han sido marcadas por la concepción restringida de 1789 la cual, condenando la democracia directa, atribuyó toda la soberanía al Parlamento. En consecuencia, la suerte del gobierno depende no tanto de un repentino cambio de opinión del país en su totalidad, sino del desplazamiento de veinticinco votos en la Asamblea o de las presiones ejercidas por un grupo de intereses privados. Las intrigas parlamentarias reducen de este modo a tan poca cosa los principios democráticos. Y ésta también es la opinión de Schmitt, para el cual el funcionamiento normal de una auténtica democracia implica que los cambios de opinión, necesariamente más profundos y progresivos que los de las Asambleas, prevalezcan por encima de las oscilaciones parlamentarias.

Schmitt, que no cree en las virtudes absolutas de las discusiones públicas, tiende a concluir en la elección más razonable; considera, al igual que Capitant, que el principio representativo se opone al principio democrático, y que la soberanía no se le atribuye al pueblo, sino a los representantes. "En lo que respecta, en particular, a la democracia parlamentaria, escribe Jean-Louis Schlegel, además de las críticas tan vigorosas hacia el funcionamiento de la institución parlamentaria (pero, en este punto, Schmitt concuerda con Weber), él abriga dudas respecto de la posible concretización del presupuesto y del principio de esta institución: la discusión y el rol del espacio público. Él rechaza el argumento relativista tan conocido a favor de la democracia: que es el menos desfavorable de los regímenes posibles. Ésta debe ser juzgada sobre la base de su principio, y no en clave comparativa. Y con referencia a su principio específico, parece que Schmitt comparte, de algún modo, el escepticismo sobre el rol de la discusión democrática" (J. L. Schlegel en su introducción a *Carl Schmitt, Théologie politique*, Gallimard, París, 1988).

Las virtudes de la democracia directa

Para Capitant, y para Schmitt en menor medida, la exigencia principal de una democracia es que la última palabra, o bien el poder supremo, pertenezca al pueblo. Los dos juristas tienen en común la defensa de la elección del Presidente por sufragio universal, y el rechazo de la dictadura de los partidos. René Capitant es un partidario de la democracia directa y actúa, entonces, siguiendo la implacable crítica que Jean-Jacques Rousseau había llevado a cabo en el *Contrato social* respecto del régimen representativo. Para Capitant, "la elección del Presidente por sufragio universal no sólo tiene la ventaja de darle al jefe de Estado la base política que, en caso de faltarle, le impediría a este último poseer la autoridad necesaria para cumplir la propia función; ésta permite también, al cuerpo electoral, expresar de la manera más completa y eficaz la propia voluntad. Hasta el día de hoy [1962], el pueblo había tenido a su disposición sólo las elecciones legislativas. Ahora éste dispone de un segundo instrumento: la elección presidencial, sin hablar del referéndum, cuya importancia no hará más que crecer. Estas dos formas de elecciones —bastante alejadas para resultar una duplicación una de la otra o para dar lugar a contradicciones— representarán dos aspectos diferentes y complementarios de la voluntad nacional" (René Capitant, *Écrits politiques*).

Carl Schmitt probablemente habría retomado, a su vez, esta idea de recurrir al sufragio universal directo para la elección de la más alta magistratura del Estado, es decir, de un gobierno dotado de los medios necesarios para gobernar efectivamente; pero él también habría aprobado las restricciones hacia el ejercicio de un poder dictatorial en el sentido corriente de la palabra. "Lo que se destaca, recuerda Jean-Louis Schlegel, en relación con su lectura de los teóricos de la contrarrevolución es que, a pesar de su admiración por el decisionismo, él no los sigue, en nuestra opinión, en dos puntos esenciales: el del desencanto del mundo y el de la legitimidad, estrechamente vinculados entre ellos. Carl Schmitt, efectivamente, acepta como un hecho adquirido el desencanto del mundo y cualquier otro término, secularización u otro, con el cual se designa el proceso del 'fin social' de la religión. Teórico político, discípulo de Weber, él sabe que 'todos los conceptos gestados por la teoría moderna del Estado son conceptos teológicos secularizados'. El punto de vista de su teologia politica es fundamentalmente político y, desde el punto de vista de la teoría, aquélla deriva de la ciencia política" (J. L. Schlegel). En nombre de los medios de los cuales un gobierno efectivamente debe disponer, Capitant inicia su batalla de 1962 para transformar, por medio del sufragio universal, un "régimen bastardo" en una "república equilibrada y democrática" (para las dos últimas expresiones, cf. René Capitant, *Écrits politiques*).

En 1932, en su famoso artículo sobre el rol político del presidente del Reich, Capitant ya enfatiza la importancia, con el fin de legitimar la función presidencial, de la elección por sufragio universal. Se puede considerar, escribe, "que la elección del mariscal Hindenburg en 1925 hizo triunfar una concepción infinitamente más amplia que la institución presidencial. Ebert, en cambio, había sido elegido solamente por la Asamblea Nacional, y más tarde por el Reichstag, para la prolongación de sus funciones. En 1925, por el contrario, fue aplicado el principio del plebiscito escrito en la Constitución, y Hindenburg, elegido por más de catorce millones de votos, pudo de esta manera otorgarle a su propia magistratura toda la amplitud y todo el desarrollo que habían imaginado para ésta los constituyentes de 1919" (René Capitant, *Écrits constitutionnelles*).

Para Capitant, la concepción de un presidente fuerte elegido por sufragio universal ha sido una de las ideas conductoras de la Asamblea Nacional y, sobre todo, de Hugo Preuss, quien fue, en su opinión, el verdadero autor de la Constitución alemana, si bien la extensión adoptada por la institución presidencial, después de la elección por sufragio universal de 1925, es más una innovación que un retorno a las fuentes de Weimar. "Es curioso que el teórico más brillante de esta interpretación constitucional, el profesor Carl Schmitt, sea precisamente hoy el sucesor de Preuss, en su cátedra en la *Handelshochschule* de Berlín" (ibid.).

Se encuentran, tanto en Schmitt como en Capitant, los mismos análisis sobre el significado profundo del presidente del Reich elegido por sufragio universal. Como más tarde en el caso de de Gaulle, Hindenburg representa para Capitant a la Nación del mismo modo que el Parlamento (Reichstag) y, al mismo tiempo, la representa de manera diferente, es decir, la representa como unidad, mientras que el Reichstag refleja mejor el federalismo alemán.

El Presidente del Reich, como más tarde el Presidente de la República Francesa, encarna entonces, gracias al sufragio universal defendido tanto por Schmitt como por Capitant, "el centro, el punto de referencia, el punto fijo en el cual los hilos se reanudan, al cual se refería Hugo Preuss" (ibid.).

La necesidad del referéndum

Es muy instructivo observar la explosión de la legalidad legislativa cerrada y la diseminación de las fuentes de legitimidad, hecho que se debe al progreso en la mentalidad general de la idea del referéndum respecto de la institución parlamentaria. Schmitt, en 1932, veía allí la principal tendencia política del mundo contemporáneo. Para él se trata, como más tarde para Capitant, de una ruptura que anuncia la agonía del liberalismo del siglo pasado, fuente de nuevos conflictos. Efectivamente, la diferencia entre el sistema parlamentario y el sistema del plebiscito o del referéndum, es insuperable. "El referéndum —escribe Julien Freund— es la expresión de una voluntad puntual, que se impone al instante, con una legitimidad que el liberalismo no puede discutir, ya que ésta expresa la voluntad directa de todo un pueblo. No es éste el caso del Parlamento que, en cambio, es elegido con una determinada duración, que puede revisar las decisiones tomadas por sí mismo anteriormente y someterlas a una nueva deliberación. El Parlamento se demuestra, en estas condiciones, como el legislador común que se ocupa de los asuntos corrientes, mientras el referéndum introduce una legislación extraordinaria y singular".

René Capitant nunca dejó de enfatizar la gran diferencia, en su opinión, que distingue el plebiscito del referéndum. "Si el plebiscito —escribe— es el instrumento del cesarismo, el referéndum, por el contrario, es la expresión más perfecta de la democracia" *(Écrits politiques).* Para Capitant el plebiscito implica que el pueblo abdique a su soberanía para ponerla en manos de un hombre, mientras el referéndum, por el contrario, permite ejercitar la soberanía al pueblo mismo sin intermediarios. Se trata, tanto para Schmitt como para Capitant, de la institución por excelencia de la democracia directa. El referéndum permite al pueblo resolver por sí mismo una cuestión cuya importancia es tal que supera la competencia normal del Parlamento, y que el Presidente no quiere resolver solo. En el pasado, escribe Capitant, "la III y IV República se habían quedado fijas en la concepción más restringida de 1789 que, condenando la democracia directa, le atribuye toda la soberanía al Parlamento" (ibid.); hoy en día, para Schmitt, nos encontramos en presencia de una "situación intermedia" que se caracteriza por la coexistencia de las dos legitimidades, una parlamentaria, la otra por referéndum. "Es necesario notar, escribe Julien Freund, que el desarrollo de la política después del siglo pasado avanzó en el sentido de un rechazo del sistema general de normas como única fuente de la legitimidad. La nueva mentalidad tiende a la yuxtaposición 'del sistema de la legalidad parlamentaria y de la legitimidad del plebiscito'. El sistema liberal del siglo XIX generó una 'explosión pluralista' que paraliza el Estado de modo tal que los compromisos entre los partidos reemplazan a las leyes y se negocian para obtener beneficios para los partidos, sin ninguna consideración hacia la jerarquía de las urgencias y de las prioridades. Dentro de este juego, el Estado se transformó en una simple 'configuración social' que niega los imperativos de la política y que, entonces, todo lo mezcla, excepto lo que es esencial para el Estado". En el fondo, el apoyo de Schmitt y Capitant hacia el referéndum no está al servicio del Estado, sino al servicio del restablecimiento de la política, con sus prerrogativas y sus limitaciones.

Tanto Schmitt como Capitant eran favorables a la institución del instrumento del referéndum, pero no al sistema del plebiscito. Recordemos su fórmula: el orden exige normas y decisiones, lo que equivale a decir que un sistema puramente decisivo es más caduco que un sistema exclusivamente normativo. "Es en este sentido, precisa Julien Freund, que Schmitt no puede ser considerado un liberal en la doctrina, dado que la

decisión es reguladora, del mismo modo que la norma. Él no era solamente un doctrinario, sino un hombre atento a las situaciones, mientras
que toda doctrina impulsa al dogmatismo. Por el contrario, él ha sido
siempre partidario de un régimen que esté en grado de garantizar todas
las posibilidades de libre expresión respecto de los imperativos de la política. Él era favorable al referéndum, no sólo porque pensaba que este
último restablece los derechos de la voluntad y de la decisión contra la
uniformidad del legalismo racionalista, sino principalmente porque éste abre un campo hacia la libertad, un espacio hacia la liberación, frente
al monopolio y al sistema cerrado del legalismo normativista (...). En la
opinión de Schmitt, el referéndum ofrece la posibilidad de desbloquear
una situación —tal como Capitant afirmará con insistencia en la época
de la guerra de Argelia— y de prevenir, si es necesario, las amenazas en
una situación excepcional, que generalmente sobreviene a causa de una
carencia en el espíritu de decisión. Toda su obra se basa en esta preocupación, si bien él mismo no haya sido, más tarde, fiel a esta postura suya. Su reputación ha sido empañada por este tema" (ésta y las otras citas
de Julien Freund han sido tomadas de su prólogo a *Carl Schmitt, La no-
tion de politique*, Flammarion, París, 1992).

La homogeneidad necesaria

La constitución política no lo es todo. La justificación constitucional
no puede, tanto para Schmitt como para Capitant, ignorar la realidad
empírica de la vida social. "Para toda reflexión filosófica sobre el Estado,
se pregunta Schmitt, ya sea ésta de naturaleza individualista o colectivista
(...) ¿el valor del Estado no reside, quizás, cualquiera sea su punto de llegada, en su realidad concreta?" (Carl Schmitt, *Die geistesgeschichtliche
Lage des heutigen Parlamentarismus*). "Como enseñaba Maurice Hau-
rriou, escribe Marcel Waline, existe también una constitución social".

Entre Schmitt y Capitant existe una relación evidente entre el pluralismo parlamentario y el debilitamiento de la autoridad estatal por una
parte, y la amenaza de guerra civil por la otra. En el sistema liberal, el Estado no es más que un árbitro puesto a conciliar los intereses divergentes. Cuanto más se aleja la política de sus instancias tradicionales, más se
halla el Estado privado de su justificación esencial de organizar la sociedad de manera unitaria, y más se avanza hacia una situación de encubier-

ta guerra civil. A su modo, el liberalismo reinstaura el Estado natural: la guerra de todos contra todos.

Toda práctica democrática debe tender hacia la identificación de los puntos de vista de gobernantes y gobernados. Para Capitant, esta identidad no puede establecerse si la democracia política no se prolonga en la democracia social. "Así como la democracia política —escribe— consiste en devolverle al ciudadano la soberanía que éste le ha transferido a los partidos o a los elegidos, del mismo modo la democracia social consiste en la reintegración del salario, la libertad y la propiedad, de los cuales los priva en forma abusiva el contrato de trabajo" (René Capitant, *Écrits constitutionnelles*). Capitant, que quiere eliminar de las relaciones sociales la heteronimia, se compromete, a fines de los años sesenta, en la lucha por la participación. Probablemente esto lo habría conducido (se trata de una hipótesis, pero razonable) a anticipar, junto a Loichot y Vallon, la cogestión o, quizá, la autogestión misma. La muerte, que le llega el 23 de mayo de 1970, pondrá fin a su camino "heterodoxo". Como "gaullista de izquierda", entrará coherentemente en conflicto, en los últimos años de su vida, con el "conservador" Georges Pompidou.

Democracia y participación

Intentando, en el seno del grupo "pancapitalista", resolver la oposición marxista entre burguesía y proletariado, que él considera extremadamente peligrosa para la unidad del Estado y para la democracia, Capitant apunta a impedir que el pueblo se divida en numerosos pueblos diferentes con su séquito de manifestaciones conflictivas.

Para Schmitt y Capitant la homogeneidad de un pueblo (que sería una equivocación el hecho de considerarlo en términos estrictamente biológicos) es un presupuesto esencial para la expresión de una verdadera democracia. Para Schmitt, la democracia puede ser solamente popular, no en el sentido proletario, sino en el sentido en el cual el sistema político consagra la unidad política de un determinado pueblo. La homogeneidad, siempre cuestionada por el liberalismo económico es, tanto para Schmitt como para Capitant, una condición necesaria, aunque no suficiente, para que todos los ciudadanos puedan participar en la designación de gobernantes cuya opinión sea idéntica a la propia. Schmitt recuerda que una homogeneidad tal también está en la base de la voluntad general, tal como la concibe Rousseau (la noción de voluntad general era, para este último, perfectamente contradictoria con la idea de una sociedad libremente elegida por contrato).

A menudo se ha definido a Carl Schmitt como un conservador, "demoledor de ilusiones", y a René Capitant como un gaullista de izquierda, "fiel y sombrío". Quizá sería más justo inscribir a estos dos juristas dentro de una filiación constitucional, al mismo tiempo revolucionaria y contrarrevolucionaria, ya que estas dos corrientes de pensamiento tienen en común, al igual que los dos pensadores, un idéntico desprecio por el orden liberal y burgués. Si hay que individualizar, entonces, un punto de unión entre ellos, hay que buscarlo en Rousseau, el primero entre los modernos en haber puesto énfasis en las insuficiencias de la representación parlamentaria y en las virtuales de la democracia directa. Él fue quien comprendió, con una anticipación significativa, que la virtud del ciudadano refleja, sobre todo, la de la ciudad. Una Constitución no tiene ningún sentido y, sobre todo, ningún valor, si el pueblo, cuyo régimen está organizado por ésta, no se ha constituido ya como tal. No por casualidad Rousseau escribió en la primera versión de su *Contrato social*: "Comenzamos a ser hombres sólo después de habernos convertido en ciudadanos".

Schmitt y la Revolución conservadora

Armin MOHLER

La cuestión respecto de la inclusión o no de Carl Schmitt entre los partidarios de la denominada Revolución conservadora no concierne sólo a los detalles históricos, sino también a la existencia misma de dicho problema: por un lado, nos proporciona elementos para una definición más precisa de la figura compleja y controvertida de este teórico del Estado; por el otro lado nos demuestra de un modo casi didáctico que existen dos tipos de decisiones políticas: aquellas que, en mayor o en menor medida, apelan a nuestra voluntad y aquellas que (quizás a causa de la situación de los vencidos) nos han sido impuestas por la situación real a la cual no podemos sustraernos.

I. INTRODUCCIÓN

1. Circunstancia privada

Carl Schmitt es generalmente considerado como un exponente de la Revolución conservadora. Yo mismo sostuve esta idea (*Die Konservative Revolution in Deutschland* 1918-1932), evitando sin embargo la problemática presente con la consideración de que una personalidad particular e insólita como la de Carl Schmitt representa un problema ante cualquier clasificación, la cual tiende a formar agrupaciones homogéneas de más fácil delimitación. No recuerdo ninguna declaración explícita de Carl Schmitt en relación con su pertenencia a la Revolución conservadora. Muchas veces se limitó a escuchar pacientemente mis argumentaciones, expresando perplejidad, incluso sobre mi particular definición de Revolución conservadora (de la cual tendremos ocasión de hablar). Después de que a fines de 1949 fue publicada la primera edición de mi libro, su juicio adoptó un tono positivo: se trataba, en realidad, de uno de los primeros libros que aparecía después de la derrota y en el cual se lo trataba con respeto. Lo influyó mucho una observación hecha por su esposa poco antes de morir. Frau Duschka hojeó el volumen lleno de nombres, famosos para ella, que el marido le había llevado al hospital, y comentó: "A partir de este libro habrá persecuciones futuras...".

2. Organización

Desde el punto de vista organizativo, la cuestión de la pertenencia a la Revolución conservadora permanece irresuelta. La Revolución conservadora influyó sobre muchas organizaciones, pero no puede ser identificada con ninguna estructura organizativa. Por cierto, Carl Schmitt conocía, incluso personalmente, a buena parte de aquellos que hoy son considerados exponentes de la Revolución conservadora. Sin embargo, esto no es suficiente para vincular su nombre con aquellos, dado que hasta edad tardía Schmitt estuvo obsesionado por una verdadera y propia sed de discusión y de confrontación con personas de distinta formación, siempre que fueran inteligentes y "significativas". La Revolución conservadora fue entonces, sustancialmente, una corriente de pensamiento (para evitar el término *Weltanschauung*). ¿Carl Schmitt puede ser considerado un partidario de ésta?

3. Definición

"Revolución conservadora" es un sintagma paradójico. Es el término que, respecto de todos aquellos que han sido propuestos, resume mejor las dos características más marcadas de esta corriente de pensamiento.

Por un lado, la Revolución conservadora puede ser definida como el intento de los exponentes desilusionados de la izquierda y de la derecha de crear algo nuevo (tercera vía), utilizando estímulos provenientes de la izquierda y de la derecha (cf. el análisis penetrante de Z. Sternhell, *Neither Right nor Left: Fascist Ideology in France*). Las dicotomías tradicionales, como "derecha e izquierda", "progreso y conservación" ya no tienen valor. Prototipo de esta síntesis es Georges Sorel, redescubierto en Alemania, entre otros, por Carl Schmitt (cf. *Die geistsgeschichtliche Lage des heutigen Parlamentarismus,* 1926). La diferencia entre estos conservadores revolucionarios y el conservadurismo al viejo estilo fue establecida por Martin Greiffenhagent, basándose en los textos de Moeller van den Bruck y Ernst Jünger: "Esta idea de crear situaciones dignas de ser conservadas es la idea fundamental de la Revolución conservadora". Lo que dista tanto del simple hecho de conservar como del deseo de producir novedades.

II. EL TERRENO INSEGURO

Para responder a la pregunta respecto de la pertenencia de Carl Schmitt a la Revolución conservadora es necesario moverse sobre un terreno confuso e inseguro, cubierto de obstáculos que hacen más difícil encontrar la respuesta. Comencemos por algunos temas accesorios.

1. Sentimiento antinietzscheano de Schmitt

Nietzsche fue el verdadero padre de la Revolución conservadora. Lo confirman sus mismos opositores: la campaña iniciada en 1986 por Habermas está dirigida contra Nietzsche y el desarrollo de su pensamiento. El hecho de que Nietzsche no aparezca en los libros de Carl Schmitt no es una objeción contra su pertenencia a la Revolución conservadora: hasta en las obras de autores que serían inimaginables sin él, el viejo "cerebro de dinamita" (como lo definió Jünger) apenas es citado. En las tesis destinadas a la publicación, se evidencia un claro sentimiento de Carl Schmitt en contra de Nietzsche. Escribiéndole a Przywara acerca de sus padres espirituales, Schmitt cita a "Nietzsche, el gran fanfarrón de la inactualidad" entre las figuras negativas. Carl Schmitt parece haber estado muy contrariado a causa de la monografía de Pattloch dedicada a él, que lo incluye inequívocamente entre los herederos de Nietzsche (cf. P. P. Pattloch, *Rechts als Einheit von Ordnung und Ortung. Ein Beitrag zum Rechtsbegriff von Carl Schmitts "nomos der Erde"*, 1961). Mientras siempre agradeció de modo casi ceremonioso por el envío de muchas interpretaciones no fieles a su obra, la respuesta a Pattloch adoptó, en cambió, el tono de una brusca lavada de cabeza:

> "No logro cotejarme a través de su método de bombardeo con continuas referencias a Nietzsche. Él era un impresionista, yo no

> lo soy. Usted ignora completamente el Epimeteo cristiano y no
> se dio cuenta de que también existe un espacio carente de pers-
> pectiva" (carta del 13 de septiembre de 1961 dirigida a Pattloch).

("Impresionista", para Schmitt, es un insulto). Si bien esto no deja lugar a dudas, aún queda por demostrar que Carl Schmitt llega por caminos diferentes a los "desarrollos" nietzchianos.

2. ¿Un simple constitucionalista?

Más consistente es la objeción según la cual son nuestros problemas
los que están privados de sentido, ya que se trata de un profesor de derecho constitucional, el cual no suele aferrarse a una *Weltanschauung*. Objeciones de esta naturaleza se vinculan con el hecho de que el reciente
interés por Schmitt se limita al primer período de su producción, hasta
la finalización de la República de Weimar. Y precisamente en este primer
período Carl Schmitt es, fundamentalmente, un constitucionalista que
no tiene como objetivo movilizar fuerzas, sino circunscribir su juego
dentro de las formas jurídicas. En este rol debe aspirar a quedarse por encima del juego, a prever todas las movidas del juego. En este sentido, para el constitucionalista se trata de dominar lo existente. Un bagaje
ideológico demasiado complicado sería sólo un obstáculo.

A primera vista, el Carl Schmitt de la primera fase parece servirse de lo
que se ha "llevado de casa": el catolicismo, que le ha hecho comprender las
limitaciones de los seres humanos, y una igualmente concreta conciencia
respecto del Estado, que se encuentra en tensión constructiva con la catoli-
cidad. Incluir al Carl Schmitt de esta fase entre los exponentes de la Revolución conservadora no tiene, por lo tanto, ningún sentido. No por
casualidad, el Carl Schmitt de este período incomoda a muchos representantes de la Revolución conservadora: su "posición" no es, de hecho, fácil de
determinar. Sin embargo, no considero correcto analizar sólo al primer Carl
Schmitt, y ni siquiera él mismo lo aceptaría. En 1977, de hecho, escribió:

> "No dejé de pensar ni en 1933, ni en 1945, y tampoco en
> 1977, pero por mucho que se me critique, hagan silencio do-
> blemente aquellos queridos alemanes que quieren limitar mi
> trabajo a 1928-29, considerando mi pensamiento posterior
> como 'pensamiento nazi'" (carta del 8 de noviembre de 1977).

[Ésta, como todas las cartas citadas a continuación, son dirigidas a A. Mohler.]

En el marco de las obras completas, sin embargo, hay una relación diferente entre el jurista y lo que en la obra de Carl Schmitt va más allá del campo jurídico e incluso político.

3. Tres períodos creativos

Su obra se divide —sin que esto pueda sorprender tratándose de un pensador político— partiendo de los tres regímenes que Carl Schmitt apoyó y en los cuales vivió. Cuatro libros aparecieron ya en la época del emperador Guillermo, pero a éste se lo considera un período de formación. El primer Schmitt dotado de caracteres precisos es el de la República de Weimar; siguen el Schmitt del Tercer Reich y finalmente el Schmitt de la derrota, durante la ocupación y en la República Federal. Sería simplista separar estos tres períodos creativos con fechas precisas, como 30 de enero de 1933 o 7-9 de mayo de 1945. Probablemente, para Carl Schmitt la República de Weimar entró en crisis ya aproximadamente en 1932 y el tercer período se vislumbró ya durante la Segunda Guerra Mundial, con el tema del *nomos*. ¿Existen "rupturas" entre estos tres períodos? Las autointerpretaciones retrospectivas hechas por Carl Schmitt tanto después de 1933 como después de 1945, nos llevarían a una conclusión afirmativa. Pero éste quizá sería un juicio demasiado purista y ahistórico. El concepto de "pausa" quizá sería el más indicado: sería como reanudar el mismo tema en un plano distinto, en la nueva situación. En cambio, la tercera base creativa se complica por la coexistencia de dos líneas diferentes de pensamiento. Por un lado, la literatura de justificación, como *Ex captivitate salus*; por el otro, obras de mayor envergadura, como *Der nomos der Erde im Völkerrecht des ius publicum europaeum*.

4. La "situación"

Es significativa la diferenciación entre la primera fase creativa de Schmitt y las dos posteriores. Es cierto que durante la República de Weimar la actividad de Carl Schmitt ha sido esencialmente jurídica. En esa época era posible, en cierta medida, estar al margen de las partes. Todavía había una cierta libertad de elección. Pero estos períodos de libertad, raros por otra parte, parecen destinados a tener una vida breve. Hacia fines de los años veinte, el clima se hace más áspero, y a este cambio le corresponde también un cambio de guardia. Carl Schmitt se enfrenta a fuerzas que se sustraen del juego porque para éstas es real sólo aquello que es instaurado voluntariamente. Y Carl Schmitt tiene una doble experiencia, primero con los nacionalsocialistas y luego, después de 1945, con las potencias vencedoras. Esto hace pensar en la definición de Revolución conservadora (cf. I, 3) como "proyecto de crear una situación digna de ser conservada". ¿Se resuelve de este modo la diferencia entre nacionalsocialismo y Revolución conservadora?

5. Consenso de los sitiados

Los representantes de la Revolución conservadora, si bien quieren ser en su *habitus* tan diferentes de los nacionalsocialistas y aborrecen los comportamientos y los métodos de éstos, en algo se vinculan en los años treinta y aún más tarde: en la conciencia, en parte vagamente, y en parte suficientemente nítida como para ser involucrados, como alemanes, en una lucha por la vida y la muerte de la nación. Habermas, con su declaración según la cual en Carl Schmitt el factor político se transparenta en la "autoafirmación de un pueblo políticamente existente contra enemigos internos y externos", no se equivocó entonces (cf. J. Habermas, *Die Schrecken der Autonomie. Zu zwei frühen Publikationen des deutschen Staatsrechtlers Carl Schmitt, "Babylon. Beiträge zur jüdischen Gegenwart"*, 1986, I, págs. 108-117). Con su vivaz inteligencia política y su intuición casi extraordinariamente dotada, Carl Schmitt era consciente ya en 1933 de cuánto se habrían limitado las posibilidades de elección. Si no quería desmentir lo que había dicho sobre el liberalismo y el Estado, no le quedaba otra cosa por hacer más que intentar ubicarse dentro del consenso de los sitiados. Esto hace comprensibles sus escritos y sus acciones durante el transcurso de los años treinta. El ascetismo de todo lo ideológico se hace notablemente más difícil. La separación irónica del "romano de las colonias" de Berlín y del Norte pierde jocosidad. Ahora se necesita algo ideológico, porque es necesario establecer vínculos. Ciertamente Carl Schmitt no habrá sentido las formas católico-romanas completamente indiferentes al nuevo movimiento, lo cual no expresó sólo en gallardetes y saludos romanos. Que esto no era todo nacionalsocialismo, le quedaba claro desde el principio.

6. Iliria

No se puede simplificar al Carl Schmitt "romano". Habiéndosele preguntado sobre su patria por elección, se descubre que hay dos. La primera es conocida: España. Menos famoso, pero por cierto de la misma intensidad, fue su vínculo con Iliria, como se denominaba en la antigua monarquía austro-húngara al legendario reino del siglo III a. C., el mundo de las poblaciones eslavas del sur. Las dos esposas de Carl Schmitt, ambas serbias, eran originarias de esta zona. Y uno de los dos poetas que él más amaba, Theodor Däubler, nació en Trieste de padres alemanes (el otro, Konrad Weiss, era originario de la región de Hohenloher). Carl Schmitt incluyó a Däubler en la lista de los grandes ilirios, que va desde Diocleciano hasta San Gerónimo, e incluye también al poeta serbio Bojic, hasta llegar a nuestro siglo. Esta lista se halla en el ensayo *Illyrien*, de 1925, uno de los pocos textos libres publicados por Carl Schmitt en los años de intenso aprendizaje jurídico (cf. *Illyrien. Notizie von einer dalmatinischen Reise, "Hochland"*, diciembre de 1925, págs. 293-298).

¿Qué lo atraía a Carl Schmitt de esta parte noroccidental de los Balcanes, él que en cambio despreciaba la Hélade? Una clave de lectura hasta ahora poco usada podría ser la idea alcanzada en este ensayo:

> "Roma, Bizancio, godos, serbios, ávaros, normandos, venecianos, turcos, húngaros, franceses y austríacos reinaron en ella. El resultado fue una mezcla increíble de las razas más variadas, pueblos autóctonos de Iliria, griegos, celtas, romanos, germanos, eslavos y mongoles, una mezcla excepcional de idiomas y religiones, un aire lleno de demonios, antigüedad pagana, cristianismo romano y griego, gnosis e Islam. Pero el lugar es sólo el escenario de esta fantasmagórica historia. Los campos, los montes, el mar y las islas parecen ignorar todos estos acontecimientos. El conjunto de mares estupendos, montes grandiosos y de un sol que hace verosímil el culto del sol *invictus* es tal, en su unicidad, que los acontecimientos históricos se desvanecen como una silueta oscura entre cielo, tierra y mar".

Las frases que siguen representan el núcleo de este himno conmovedor:

> "La tierra, no la sangre, le da al hombre —hijo de la tierra— su aspecto y su fisonomía. Todas las razas que se establecen en Ili-

> ria obtienen de este lugar algo nuevo, y se transforman en portadoras de un particular espíritu ilirio".

A éstas se vinculan, sin ruptura, las frases del siguiente párrafo:

> "No creo que Venecia aún forme parte de Iliria. Durante un milenio dominó la costa iliria. La gran arquitectura de las ciudades dálmatas es el signo de esta dominación. La gran arquitectura es siempre la expresión de un verdadero Estado. Ni un pueblito de campo ni el mercado mundial logran producir algo similar. También a causa de esta arquitectura Venecia es el ejemplo de un verdadero Estado, cuya esencia no es la libertad, sino la duración".

Este himno es un texto clave para la comprensión de Carl Schmitt porque, dejando de lado las debilidades del individuo, restituye la nota de base de su existencia. Se podrían citar páginas enteras del *Der Untergang des Abendlandes* de Spengler, del *Der Arbeiter* de Jünger y del *Rolle der Erotik* de Hans Blüher, en los cuales predomina la misma nota. A través de estos textos se comprende por qué estos hombres, en contra de cualquier leyenda, no se sustrajeron a tal consenso, pero tampoco participaron jamás de éste directamente. Personas de carácter más simple han tenido menos problemas.

III. NUEVA IMAGEN DE LA REVOLUCIÓN CONSERVADORA

Si Carl Schmitt pertenece o no a la Revolución conservadora es una cuestión difícil, no sólo por la confusión alrededor de su obra, sino también por la definición de la Revolución conservadora, no determinada aún. No hay aún univocidad en relación con sus límites, su contenido y sus resultados. Las dos definiciones citadas de la Revolución conservadora pueden, sin embargo, ser aceptadas, pero sólo siempre que no vayan más allá de los límites de lo común y de lo formal. El contenido de aquéllas queda netamente excluido.

1. El modelo del "retorno"

Traté de cubrir esta laguna recurriendo al modelo del "retorno" para aclarar el contenido de la Revolución conservadora, influido principalmente por Nietzsche y por Friedrich George Jünger. El contraste entre la concepción cíclica del tiempo y la concepción lineal del tiempo, propio del cristianismo (y de todas las formas de secularización hasta el marxismo), es interpretado por la Revolución conservadora como la oposición al empobrecimiento del mundo causado por abstracciones utópicas, como la oposición a la disolución del segundo vivido, como la postergación de todo lo que es importante y fundamental hacia el futuro lejano (o bien, tendencia hoy mucho más frecuente, remitirlo hacia el pasado lejano, como en las utopías dirigidas al pasado del movimiento ecologista y nostálgico). Me parece que en Nietzsche ya se da por descontado que la imagen del retorno no era un pensamiento paralizante, sino fructífero y estimulante (o mejor aún, una imagen estimulante). También sobre la base de mi experiencia concreta, quietud, frustración y apatía fueron, esencialmente, el resultado de visiones del mundo que remitían cada realización a un futuro inalcanzable (ya sea la salvación, en el caso del cristianismo, ya sea la perfección, en el caso de las doctrinas utópicas). Entonces me sorprendí cuando el concepto de retorno fue mal interpretado por muchos lectores (precisamente por los lectores conservadores) como un llamado a cierta forma de "budismo alemán". Evidentemente el modelo del retorno provocaba en ellos otras asociaciones. Probablemente a todo esto se sumó la irritación por la tesis, que debía de ser desconcertante en aquellos primeros años de la posguerra, acerca de que un cristiano que tomara en serio al cristianismo debía formar parte de la izquierda (tesis hoy mucho mejor vista, incluso frente al origen de la oposición política moderna, con respecto al modo en que se la consideraba en medio de la era Adenauer...).

2. El rechazo del "retorno" en Schmitt

Dejando de lado los prejuicios relativos al libro, tampoco Carl Schmitt logró familiarizarse con el modelo del retorno. Pero por motivos de distinto origen. Volvió a éste continuamente, ya sea por escrito u oralmente, recurriendo incluso a imágenes de irrefutable penetración:

> "Todas estas imágenes cíclicas se parecen, para mí, a las pequeñas campanas de vidrio a las cuales se reduce el horizonte en alta mar, cuando se ve el sol, agua y ni siquiera un tramo de tierra" (carta del 23 de septiembre de 1948).

Su ininterrumpida devoción por la lírica (carta del 3 de febrero de 1956) lo llevó a apreciar, de tanto en tanto, algunas poesías de F. G. Jünger, pero siempre prevalecía la antipatía por el retorno, que era el trasfondo de los versos. El verdadero motivo del rechazo de Carl Schmitt era la imposibilidad de conciliar el retorno con su concepción de lo político. Un mundo que enarbolara la bandera del retorno era, para él, un mundo carente de política y por lo tanto destinado a morir. Esto, quizá, puede ser vinculado también con su relación conflictiva con la antigüedad. La antigua Roma tenía, para él, la misma importancia que la Roma de la Iglesia Católica; una se confundía con la otra. En cambio, respecto de la antigüedad griega, no tomó en serio a la Hélade. Permaneció indiferente a lo trágico, según lo concibe el drama griego. También permaneció indiferente a la dimensión agonista, la que concebía sólo como un absurdo golpeteo de espadas sobre escudos: una diversión infantil.

3. Cambio de paradigma

Me relacioné durante veinticinco años con diversos exponentes del mundo científico. De ellos aprendí, con estupor, en calidad de representante de la cultura humanista, que un modelo de explicación respecto de un fragmento de la realidad se usa mientras sea el adecuado. Si se halla un nuevo modelo, más aclaratorio y explicativo, éste reemplazará al viejo. Fue una arrogante empresa de mi juventud ir a la joven república alemana y querer explicar a los cohibidos alemanes algo sobre Nietzsche. Confirmé en la edición de 1972 de mi libro la tesis de la disertación de 1949, limitándome a aumentar notablemente la bibliografía crítica. Mientras tanto, sin embargo, se verificó un cambio de paradigma en relación con la Revolución conservadora. Esto se puede evidenciar en el interés por el denominado "posmodernismo", por aquello que Habermas llamó, criticándola, la "Neue Unübersichtlichkeit" (la "nueva confusión"). El fenómeno al que apuntan ambos conceptos es un hijo legítimo de la Revolución conservadora, que ha crecido en estado salvaje (incluyendo las corrientes de pensamiento análogas en diversos países). Es posible, incluso, que Schmitt haya sido acogido en la República Federal por esta vía, mientras que el encuentro directo había provocado un rechazo. Se puede reformular la pregunta para saber si, desde esta nueva perspectiva, Carl Schmitt forma parte de la Revolución conservadora. Es una empresa audaz y arriesgada el hecho de describir un cambio de paradigma que aún está en acción: sin embargo, la empresa se facilita por el hecho de que el nuevo paradigma no aparece aquí como imagen del mundo, con la importancia y la presunción requeridas para semejante rol. El retoño salvaje de la Revolución conservadora, el "posmodernismo", se presenta con la fascinación indolente de lo alternativo, de lo informal; se presenta como una reflexión sobre el idioma, sobre nuestra relación con la realidad, como una teoría del conocimiento entonces, pero en un sentido mucho más amplio y original.

4. Inteligibilidad

Para una presentación rápida del cambio de paradigma es útil el método de enumerar y explicar los conceptos clave, viejos y nuevos, con los cuales se pone en marcha el reemplazo de los modelos. El punto de partida es la secular tensión entre inteligibilidad y pensamiento paradójico, que a este punto ya alcanzó un estadio agudo. Por pensamiento inteligible se entiende la identificación de pensamiento y ser en el sentido de Parménides: "Debe ser aquello que se puede decir y pensar; ya que el ser es, el no ser no es". Sobre la base de estas afirmaciones se desarrollaron todas las filosofías universalistas, desde el sistema platónico y aristotélico hasta la escolástica cristiana y las formas secularizadas del cristianismo vinculadas con Hegel; entre ellas, el materialismo dialéctico en toda su extensión, el Hegel invertido, hasta el ejemplar más híbrido del género, el "universalismo" del economista "nacional" Othmar Spann. El polo opuesto está representado por el pensamiento paradójico, que se desarrolla sobre la comprensión de la limitación y de la mortalidad del hombre. En este polo, no se cree poder dominar y entender la realidad en su globalidad, uno no se ilusiona en tener las llaves de cada misterio humano o de estar en el camino justo para alcanzarla. Es el antiquísimo contraste entre el universalismo (realismo universalista de derecha) y el nominalismo, que se arrastra a lo largo de toda la tradición intelectual occidental y que se agudiza en la crisis del pensamiento contemporáneo. Sin embargo, a lo largo del tiempo, se verificó un notable cambio de acentos a partir del segundo Iluminismo que tanto irrita a Habermas.

5. Debilitamiento del pensamiento global

Los hombres de la cultura comienzan a cansarse de la doctrina de la salvación universalista en cada uno de sus aspectos. Si ésta pertenece también el liberalismo, cuando aparece como, ideología cerrada, y por lo tanto, el término no indica sólo un vago y, por cierto, honorable sentimiento. Hasta este momento, los exponentes del pensamiento paradójico habían gozado, en el mejor de los casos, de una benévola condescendencia de parte de los universalistas. Eran considerados ineptos, incapaces de ver la totalidad, eran acusados, junto al nominalismo, de haberse perdido en ideas atomístico-individualistas. El puro y simple hablar del "todo" (no se tenía un dominio, ciertamente) ya comenzaba a agotarse, inmediatamente después de los años de la posguerra. Pero el concepto de "nominalismo" tuvo un destino similar al del "retorno": cuando fuera también objetivamente justo, implicaría asociaciones que adoptan connotaciones negativas y conducen a callejones sin salida. Se vislumbra ya que la discusión internacional (sobre todo francesa) sobre "Nietzsche y sus resultados", y sobre el posmodernismo, traerá nuevos conceptos útiles.

6. Lo común y lo extraordinario

En todo caso, la disolución de la fórmula tradicional "el todo y sus partes", algo puso en marcha; quizás aquello que podemos comprender es precisamente lo extraordinario de lo cual deriva lo común (hecho indicado ya por Heimito von Doderer con su pérfido modo de expresarse sobre las "infamias comunes"). Junto a la fórmula "el todo y sus partes" pierde importancia naturalmente la dicotomía orden-desorden, que se traduce como "lo no-ordenado y el orden" (el caos y el orden). Éste fue el tema del famoso Simposio de Standford de 1981 que, con la participación de algunos franceses (Edgar Morin, Serres, René Girard) y de tres austríacos activistas en Estados Unidos (von Glasersfeld, von Foerster y Watzlawick, padres del "constructivismo radical") se transformó en una de las manifestaciones piloto del posmodernismo.

7. Disorder and order

Un corresponsal francés escribió sobre el Simposio de Standford:

> "El 'disorder' (lo no-ordenado) ya no se considera como falta de orden, sino como origen y fundamento del orden".

Que esto se contradiga con los "órdenes eternos" de las doctrinas universalistas, se evidencia en lo que sigue:

> "Los estudiosos del caos originario y creativo aparecen hoy en día en todas las ciencias, tanto en aquéllas 'duras' (las 'sciences' de los norteamericanos), como en las 'blandas' (las 'humanities')".

La representación, hecha por el católico René Girard, del nacimiento de las sociedades humanas parece la imagen especular del "desequilibrio termodinámico" de Prigogine. Con tal propósito se citan estas afirmaciones del filósofo de la ciencia Edgar Morin, que en Standford estableció un vínculo entre *sciences* y *humanities*:

> "Desde hace tiempo, el universo no es más un mecanismo perfecto para nosotros, como, en cambio, ha sido considerado durante siglos. Ni siquiera el cielo existe a este punto un orden externo de las cosas. Enjambres nebulosos se forman ininterrumpidamente y luego se dispersan. Así ocurre también en la vida. A las minorías activas de la política les corresponde, en física, aquellos leves desequilibrios que, a menudo, se encuentran al comienzo de los grandes cambios".

8. Pensamiento paradójico

La Revolución conservadora ya había ideado un lenguaje que, con sus conjeturas paradójicas, se diferenciaba del discurso lineal del pensamiento clásico. Su hijo ilegítimo, el posmodernismo, con su radical purificación de los últimos vestigios del pensamiento inteligible se hunde literalmente en un lenguaje que va de contradicción en contradicción, y con el cual se apropia del terreno de la "nueva confusión". Es útil la representación de este cambio de los paradigmas hecha por un filólogo objetivo. Es un texto que se halla en el único manual que, hasta ahora, trató de delinear el posmodernismo, y pertenece al germanista David E. Wellbery, docente de Standford. Con vivaz desenvoltura analiza el ligamen que une a Jürgen Habermas con el posmodernismo francés, representado por Foucault, Derrida, Serres y Lyotard. Tomando como ejemplo la "política-symbolic ceremony", Wellbery trata de explicar qué es el modo de pensar posmoderno. En su opinión, Habermas lo relaciona con el discurso histórico-filosófico de Kant, Herder, Condorcet hasta Hegel, mientras que los precursores del posmodernismo son Marx, Freud, Saussure y Heidegger:

> "But only in the case of Nietzsche can it be said that a certain creative reading of his work is constitutive of the postmodern style of thought".

¿Cómo se presenta desde el punto de vista californiano la campaña de Habermas? Wellbery, que hasta ahora se ocupó de Lessing y Goethe, y es editor de la "Standford Literature Review", mira con ojos de etnólogo investigando los ritos de iniciación de una tribu de la Papuasia, la cruzada del profesor alemán:

> "Habermas takes as starting point the notion of an ideal communications situation that serves... as a criterion for evaluating concrete instances of discourse and as a Archimedean point from which to construct a social theory. Briefly put, this notion posits a universal norm of communicative action, a structure of symbol use in which the partecipants arrive at consensus without external constraint (emanating from institutions and structures of domination) and without internal constraint (emanating from a distortion of the communicative action itself). It would be difficult to imagine a philosophical thesis more opposed to the views of the French writers listed above than this one. Whereas Habermas adheres to an ideal of transparent communication, the French investigate the opacities inherent in speech itself. Whereas Habermas stresses the harmonious aspect of consensus, the French hold that consensus can only be established on the basis of acts of exclusion. And whereas Habermas seeks in such notions as truth, truthfulness and correctness criteria that, as it where, stand above language and give it its validity, the French interpret such notions as strategies for the control of speech and, through speech, of others. Of course, the four writers mentioned all view language in very different ways; they by no means form a school. But the juxtaposition of their work with that of Habermas does reveal what is perhaps the most salient feature of the postmodern style of thought. All postmodern philosophers (if they can still be call that) repudiate the dream on an innocent language".

Esta defensa del "sueño de un idioma inocente" no es otra cosa que el reconocimiento de un idioma paradójico, de un pensamiento paradójico. Analizaremos de qué modo esto se relaciona con la "inocencia del idioma" en Carl Schmitt.

IV. CARL SCHMITT Y SU MULTIPLICIDAD

Las interpretaciones corrientes de Carl Schmitt a menudo reflejan el hecho de que los autores no se preocupan por descubrir qué clase de hombre era, o se hacen una imagen simplificada. Y esto los aleja de la obra. Existen, por cierto, libros que pueden ser acogidos sin reservas. Pero entre éstos no se pueden incluir, por cierto, los libros de Carl Schmitt que apuntan a situaciones concretas. Además es necesario aclarar que un pensador de esta magnitud es más complejo que otros, lo que se complica por el hecho de que Carl Schmitt estaba casi poseído por la curiosidad hacia otras personas, por las diferentes reacciones de éstas ante situaciones diferentes, y por los problemas atinentes a éstas.

1. *"Claridad y precisión"*

El Simposio sobre Carl Schmitt realizado en octubre de 1986 reunió a un gran número de concurrentes que desde mucho tiempo atrás se ocupaban de su obra, afrontándola tanto desde el punto de vista positivo como con espíritu extremadamente crítico. En un primer momento, quedaron fascinados por la agudeza espiritual y por la precisión del autor; más tarde esta impresión había variado, fundamentalmente por el hecho de que, ante la proximidad del Simposio de Spira, muchos habían retomado después de un largo tiempo el estudio minucioso de uno o más libros de Carl Schmitt. ¿Era realmente tan claro y preciso el modo en que lo recordaban? No era que en ese entonces pareciera poco claro o directamente confuso, sino que una lectura desapasionada los llevó a constatar que en esta obra había una continua y sorprendente promiscuidad de cuestiones extremadamente evidentes y de otras mantenidas ocultas. Carl Schmitt era perfectamente conciente de esto; sin embargo sus declaraciones al respecto no son de ningún modo unívocas (hecho que se relaciona con nuestra temática). Por un lado, se podría pensar en una pura y simple intención, en una estrategia de supervivencia. Por el otro, en cambio, en motivos más recónditos y profundos. Cito tres respuestas diversas de 1948 (un año después de la excarcelación de la prisión norteamericana) que le dio a un estudiante que lo interrogó sobre sus posiciones ocultas. La primera es una imagen tomada de la tauromaquia:

> "El nuevo rol del banderillero depende de los otros. Lo más importante es permanecer inalcanzable para el propio enemigo" (carta del 24 de diciembre de 1948).

La segunda respuesta revela en menor medida dicha táctica de supervivencia:

> "Hoy le envío el escrito sobre Donoso del 31 de mayo de 1944, y entiendo cuán difícil me resulta ser comprensible. Que mi 'Leviatán' está lleno de esoterismo, ya lo dije; acuérdese sólo del compendio y de las últimas palabras del prólogo; esto sin embargo forma parte de las 'fugas'..." (carta del 4 de diciembre de 1948).

Ambas declaraciones fueron precedidas por esta tercera, que aleja completamente el problema del campo de las puras intenciones y es más articulada:

> "...A propósito de su observación sobre mi posición siempre 'encubierta', le digo que el ocultamiento no es más que la otra clara de la claridad y de la precisión que a menudo se me atribuyen. La claridad —y he aquí la frase que quiero recomendarle incluso para la realización de su disertación— no es más que una necesaria distribución de luces y sombras, según la frase de J. G. Hamanns citada por Goethe. Además mucho hemos hablado con relación al 'escapar' de su Leviatán. Creo entender bien la cuestión; yo mismo soy un experto en esta 'fuga'. Quizás Gr(...) no esté tan alejado de ésta como Ud. piensa. Él también sabrá que su Leviatán es un conejo; le advertí severamente que no se pueden usar en vano nombres mágicos como Leviatán. El título: 'la desmovilización total' habría sido mejor y más efectivo, sin recurrir a la sombra arrojada por el nombre Leviatán. Es obvio para un iniciado que una fuga es posible sólo si somos superiores a ésta. Esto ya se encuentra en la frase que tanto amo citar: sólo quien conoce a su presa mejor que ella misma, puede conquistarla. Efectivamente, en el caso contrario, o sea sin la reflexión, la fuga conduciría sólo a la suerte del escarabajo que es aplastado y servirá sólo como señalador de libros. El problema del 'budismo alemán' es, teóricamente, el problema de la propia destrucción; por otro lado, la cuestión que plantea es como huir del peligro de caer prisionero de la propia mitificación. También esto forma parte del gran problema de la fuga del Leviatán" (carta del 9 de octubre de1948).

Ésta era una clase a distancia que no obtuvo el efecto deseado, impartida entre la derrota y la República Federal sobre exoterismo-esoterismo y otros temas.

2. Determinación del núcleo

El lenguaje de Carl Schmitt puede describirse de modo sobrio y técnico. El vocabulario lo tomamos de una ciencia en la cual el camino del observador al objeto es interceptado por el menor número de instancias interpuestas. Nos basamos en la obra de uno de los pocos estudiosos de arte que después de 1945 trataron de suplir la falta de conceptos creativos en su disciplina: Fritz Schmalenbach (denominado también Schmalenbach-Lübeck para diferenciarlo del primo Werner Schmalenbach-Düsseldorf). Fritz Schmalenbach demostró en 1979, que la exclusión de los objetos figurativos de la pintura iniciada por el impresionismo, no podía más que llevar a un empobrecimiento de la pintura misma. Ya en 1939, tomando como ejemplo al pintor postimpresionista Albert Marquet (1875-1947), desarrolló la idea según la cual la "prohibición de los contenidos representativos" no se había extendido al concepto de "claridad del núcleo".

El objeto considerado individualmente, que en el impresionismo no es más que una mancha en la totalidad del cuadro, en Marquet conserva plenitud e independencia. Los objetos conservan riqueza y diferenciaciones, tanto es así que algunos cuadros de Marquet adoptan el aspecto de imágenes profundamente logradas. Marquet los logra uniendo matices y precisiones. Fritz Schmalenbach, por esto, entiende:

> "Algo que se opone a las manchas, es decir una perfección duradera, si se quiere, una linealidad intrínseca. La imagen se esfuma, pero toma el objeto exactamente desde el centro, y de esta claridad del núcleo se difunde luego contemporáneamente la totalidad y la definición de los detalles, toda la delimitada riqueza del objeto. A través de esta precisión, la imagen desenfocada degrada el objeto no a una mera mancha cromática (contrariamente a lo que sucede en el impresionismo), sino más bien comprendiendo realmente el objeto en su totalidad".

Nos parece que el concepto de claridad del núcleo, llevado a otro nivel, toma con extrema precisión el secreto del lenguaje de Carl Schmitt.

Y él mismo, crítico empedernido del impresionismo en todas sus formas, habría estado de acuerdo.

3. Encuentro con un católico

¿Qué clase de hombre se esconde detrás de este lenguaje? También yo me planteé esta pregunta cuando, en pequeños trenes locales, recorría Sauerland para ir a Plettemberg y encontrar allí a Carl Schmitt. Algunos amigos le habían hablado de mí, y me había llegado una invitación. En aquella época conocía la obra de Carl Schmitt desde hacía seis años ya. En 1942, en Berlín, durante el período universitario había llegado a mis manos su escrito de 1934 sobre *Über die drei Arten des rechtswissens-chaftlichen Denkens*. Fue el primer libro jurídico que leí, siendo estudiante de historia del arte y de germanística; lo leí en un suspiro y creí haberlo entendido. Desde aquel momento seguí con el descubrimiento de Carl Schmitt y entonces, finalmente, iba a encontrarme con este personaje famoso. Lo hacía aún más interesante el hecho de que para los alemanes reeducados en la nueva ideología representara a un "hombre tristemente famoso". Si a pesar de todo esto estaba preocupado por el encuentro con el católico Carl Schmitt, esto dependía de mis dificultades para hacerme entender en la parte occidental católico-alemana. Mi relación con los alemanes era muy desenvuelta. Había vivido un año en el Tercer Reich; conocía la compleja situación de éste, y era consciente de que no era fácil de explicar a través de la visión dicotómica en blanco y negro establecida después de 1945. Me encontraba frente a un tipo de católicos —en gran parte funcionarios de alto nivel, académicos y también artistas— que, en mi opinión, se distanciaban de su pueblo de un modo impresionante. No parecían, por cierto, los vencedores, pero sí aquellos que habían tenido razón, en sus reprimendas y advertencias, con respecto al Mal. Conocía ya una cierta frialdad permanente en sus miradas, de las cuales se traslucía la convicción de tener la verdad en su poder. Y ni siquiera la cortesía e incluso la bondad con la cual se acercaban podía dejar lugar a dudas. Los católicos de entonces no eran en absoluto inseguros como hoy en día; esto se leía en sus labios delgados. Pensé en el viejo dicho: "Cortesi sino alla forca, ma si impicca in ogni caso" ("Corteses hasta en el cadalso, pero se ahorca de todos modos".). Si por casualidad me encontraba con uno de los no pocos católicos que habían adherido plenamente al Tercer Reich, la mirada fija se alternaba transformándose en una máscara con los rasgos inconfundibles del fanático. Debido a ello yo estaba bien alejado de tomar una actitud de juez frente a los alemanes, cometía frente a los católicos una *gaffe* detrás de otra. ¿Habría sucedido lo mismo en Plettemberg?

4. Question and answer logic

Si no hubiera sabido que Carl Schmitt era católico, probablemente no lo habría notado, o por lo menos, esta característica suya no me habría parecido fundamental. Continuamente me hacía preguntas sobre las cosas más sorprendentes del mundo (logrando ponerme incómodo a menudo, ya que yo no conocía la respuesta justa). No era uno de los monólogos habituales a los cuales me tenían acostumbrado aun las mentes más brillantes. Schmitt parecía lucirse al máximo sólo a través del diálogo (un amigo suyo afirmó: logra pensar sólo dialogando). Se interesó en tratar conmigo incluso cuestiones jurídicas y me sugería las respuestas de modo tan sagaz que yo estaba convencido de saber algo de jurisprudencia, al menos en su presencia. Carl Schmitt demostró ser un maestro ejemplar. Enfrentándome con una opinión previamente formada, se comportó como un entrenador que enseña a saltar a un potro joven; desarrolló las más diversas cuestiones a través del principio heurístico: cada frase es una respuesta, cada respuesta deriva de una pregunta, cada pregunta deriva de una situación determinada. En Plettemberg no escuché ninguna alusión a las "verdades eternas" tan aclamadas por los citados católicos de la posguerra. ¿Era sólo por gentileza que escribía: "A menudo tengo un vivo deseo de continuar con nuestro tema precisamente porque ninguno de nosotros sabe hacia dónde nos conduce" (carta del 4 de diciembre de 1948)? Frente a la objeción de haber escrito sobre temas tan diversos, respondía gustoso, sonriendo y aludiendo a la situación en la cual había escrito cada tema. Citaba a menudo el dicho de Heráclito: "Cada verdad es verdadera una sola vez" (carta del 15 de junio de 1961). Cuando frente a la pregunta sobre Hermann Augustin respondí que era un hombre original, que además de su profesión de médico tocaba el órgano y escribía libros de difícil comprensión, reaccionó diciendo: "Amo a este tipo de autores más que a las sustancias químicas puras. Siendo de otro modo, ¿yo cómo habría podido introducirme en la obra de Däubler?" (carta del 4 de diciembre de 1948). Todo esto no concordaba con las experiencias que había tenido con los católicos de

Westfalia. En el Simposio de Spira, el jurista Klaus Kröger se lamentó (como marido de una sobrina de Carl Schmitt y, por lo tanto, con la autoridad concedida a un miembro de la familia) diciendo que se reconocía la importancia de la teología en el pensamiento de Carl Schmitt, pero que sin embargo, "la profesión de fe de Carl Schmitt con respecto al catolicismo romano quedó ampliamente inobservada": "su profesión de fe con relación al catolicismo romano y a la teología política es, en la literatura jurídica, una base poco considerada de su pensamiento y de su concepción del mundo, aún siendo la fuente de sus deducciones conceptuales tan a menudo admiradas o criticadas". Personalmente no puedo aceptar una afirmación tan lapidaria. Mis distintas experiencias no me permiten después de tantos años delimitar a Carl Schmitt de este modo.

5. Proyecto y laberinto

Escribir sobre el Carl Schmitt creyente se puede hacer sólo incurriendo en contradicciones, que se deben pasar por alto. Quizá pueda ser útil una imagen usada para indicar la separación entre la jurisprudencia y la política: aquella que marca la diferencia entre constitución y realidad constitucional. Nadie puede negar que la constitución no es lo mismo que aquello que resulta a partir del intento de su realización. ¿Por qué debería ser diferente para cada individuo? Quizá tenía razón Kröger cuando afirmaba que el catolicismo romano era el proyecto de Carl Schmitt. Y forma parte de la existencia humana el hecho de que sólo raros ejemplares de este género se comporten como fotocopias. Carl Schmitt se confesó, según la costumbre, creyente de la religión en la cual había crecido. Delante de un altar, discretamente se hacía la señal de la cruz; solía rezar en su mesa una breve oración; su ex asistente, Günther Krauss, habló de su tendencia a cantar cantos marianos con sus huéspedes en su *Erinnerung an Carl Schmitt*, que ofrece una imagen sumamente clara de Schmitt como hombre.

¿Qué significa para él el cristianismo? ¿Lo consideraba sólo como parte del mundo "sano" de su juventud, con el cual lo unían ciertos lazos? ¿Lo consideraba sólo como parte de la herencia histórica a la cual uno no se puede sustraer? ¿O más bien era la fuerza determinante de su pensamiento y de su acción? Es tentadora la idea de atribuirle un dicho que ya le había sido atribuido a Charles Maurras y a Bonald, padre del tradicionalismo francés: "No soy un cristiano, sino un buen católico". Carl Schmitt admiraba la fuerza de la Iglesia Católica, ordenadora de la sociedad, y lo confirmaba gustoso con afirmaciones concretas como: "La Iglesia de Roma garantiza que el Estado alemán permanezca dentro de sus límites" (carta del 3 de diciembre de 1965). Que la relación de Carl Schmitt con la Iglesia se mantuviera en buenos términos más allá de estas reflexiones políticas se deduce a partir de un sarcástico suspiro (oral) que le sentí emitir: "Oh, Ud. como ateo no puede imaginar lo que yo he perdido con la caída de la Iglesia católica...".

Una cosa era cierta para mí, que provenía de un bastión de la Reforma, es decir, de Basilea: que Carl Schmitt parecía pertenecer a un cristianismo sin Cristo. El cristianismo que se evidenciaba en Carl Schmitt era, ante todo, mariano. Para justificar esto último puedo recordar un hecho. Me encontraba cierta vez viendo un gran número de postales que Carl Schmitt había enviado durante sus viajes de posguerra, y noté que muchas eran imágenes de arte sacro: se trataba o de imágenes de la Virgen o de estatuas de santos; no había ni siquiera un solo crucifijo. Además sentía una fuerte atracción por los objetos de culto, objetos sacros, rituales para cánticos, y cirios; enfatizaba lo sacramental, que eleva la unidad de tiempo del momento cumplido. En conclusión, todo lo que el cristianismo tenía en común con las otras religiones se puede encontrar en Carl Schmitt. En cambio permanece excluido el aspecto propiamente revolucionario de Carl Schmitt, es decir el aspecto que lo distingue de las otras religiones: Cristo y la unicidad del tiempo pasado. Pero si en el variado bouquet del cristianismo de Carl Schmitt faltaba el aspecto revolucionario, no faltaba por cierto el aspecto herético. Cuando Carl Schmitt se defendió de la acusación de ser nietzscheano, acusación levantada por Pattloch, no le reprochó el hecho de haber callado la presencia del cristianismo en su obra, no, ¡sino el haber callado el Epimeteo cristiano! Estas líneas se refieren a un libro de difícil comprensión escrito por Carl Schmitt sobre Konrad Weiss, su poeta preferido. Recuerdo que Carl Schmitt se definió siempre, a partir de la segunda mitad de los años veinte, como hombre de fe, exclusivamente a partir del pensamiento de Konrad Weiss. La enigmática belleza y la intensidad de su producción poética no logran engañar acerca del hecho de que se trataba de un intento arriesgado de fundir la Alemania no bautizada (o bautizada a la fuerza) con el cristianismo. No queremos dar ningún diagnóstico ni ninguna explicación profunda sobre estos hechos. Pero una cosa sí se puede decir: la gran muralla que le habría podido impedir a Carl Schmitt formar parte de la Revolución conservadora se derrumbaba poco a poco.

V. REVOLUCIÓN CONSERVADORA Y ORDENAMIENTO CONCRETO

En una producción tan diversa y tan estrechamente ligada a la historia como la de Carl Schmitt, se pueden encontrar las citas adecuadas a cada interpretación. Los párrafos aquí referidos no han sido tomados como "pruebas", sino como sugerencias para indicar hacia dónde dirigirnos. Si queremos responder de modo creíble a la pregunta sobre la pertenencia de Carl Schmitt a la Revolución conservadora debemos preguntarnos si en los hechos de su vida, en el transcurso de ésta, no hay desarrollos de grandes proporciones a partir de los cuales la respuesta resulte claramente inteligible. Es de destacar que, con el paso del tiempo, la Revolución conservadora asumió contornos más precisos respecto de los de hace cuarenta años.

1. Más allá del Rubicón

Hoy en día Carl Schmitt es reconocido por la crítica al liberalismo que desarrolló dentro de la sociedad liberal. La toma del poder por parte de un movimiento que se vanagloriaba de haberle provocado al liberalismo una derrota definitiva, puso a Carl Schmitt ante una situación completamente diversa. Su respuesta fue el escrito ya citado (IV. 3) de 1934 sobre *Über die drei Arten des rechtswissenschaftlichen Denkens*. Algunos conceptos son aquí tan recurrentes que llega un punto en el cual incluso el lector más voluntarioso ya no quiere saber del tema. De esta eliminación son víctimas conceptos como derecho natural, orden jurídico, estado de derecho, es decir, no los conceptos más inocuos. Y cuando el mago ha creado alrededor de sus tres conceptos de base —la norma, la decisión y la situación— la distancia necesaria, interviene la jerarquía: de hecho no se ha definido una trinidad que goce de los mismos derechos y que tenga el mismo valor. Dos de los tres conceptos forman una coalición para, al menos, poder oponerse al tercero, como a un oscuro enemigo. Normativismo y decisionismo determinan juntos al positivismo, por encima del cual se eleva la situación, ennoblecida por el "ordenamiento concreto". David E. Wellery, el sobrio germanista norteamericano (III. 8), no se equivocó cuando afirma que el lenguaje posmodermo es de la opinión de "that consensus can only be established on the basis of acts of exclusion" y éste justamente renunció desde hace tiempo al "dream on an innocent language". Esta estructura a punto de derrumbarse, que deriva de una visión de la realidad, a través de una reflexión sobre el idioma, no es el único ejemplo de una modernidad sorprendente (más precisamente, una posmodernidad) en Carl Schmitt. Una experiencia similar se verificó en el Simposio de Spira, durante el transcurso de la ponencia de Ellen Kennedy sobre las relaciones entre Carl Schmitt y la vanguardia artística antes y después de la Primera Guerra Mundial. Sorprendió la observación de que Carl Schmitt definía con la palabra "intensidad" a aquello que lo fascinaba de la vanguardia. De este modo, el hábil Don Capisco (sobrenombre dado a Carl Schmitt por Ernst Jünger) anticipó, con una sensibilidad digna de algo milagroso, también el "discurso sobre la intensidad" del posmodernismo, que hoy en día se consolidó en el mundo (al menos en el mundo occidental). George Bataille es el "inventor" de la dicotomía entre "duración" e "intensidad", que se transformó en el núcleo de la ideología posmoderma. En nuestro breve esbozo, no hemos podido profundizar el camino que va desde la Revolución conservadora hasta su hijo ilegítimo, el posmodernismo. Las relaciones de Carl Schmitt con la Revolución conservadora no tienen a este hijo como única derivación. A partir de su escrito clave *Über die drei Arten des rechtswissenschaftlichen Denkens* se puede comprender que está estrechamente ligado a ésta y que es el padre del movimiento.

2. Retorno a la realidad

Somos de la opinión que lo hemos delimitado como contenido de la Revolución conservadora (cf. I; 3; III; 1; III; 8); lo ha dicho el mismo Carl Schmitt con sus propias palabras y a su modo. Como prueba vale precisamente el escrito recién citado en el cual, en los años 1933-34, determinó su camino pasado y futuro. Para no arriesgarnos a interpretar erróneamente esta obra, nos atenemos a un testimonio que no admite sospechas, o sea al de Ernst Wolfgang Böckenförde, el cual resumió los contenidos de este difícil tratado en un breve ensayo maravillosamente claro. Böckenförde comienza afirmando que Carl Schmitt ha investigado con su "pensamiento de la forma y del ordenamiento concreto",

> "aceptando superar la cuestión que dejó abierta el positivismo
> jurídico acerca de la fundación de lo jurídico, la comprensión
> jurídica de las posiciones entonces dominantes en la ideología
> jurídica, de un abstracto formalismo jurídico y de un decisio-
> nismo jurídicamente infundado... El pensamiento basado en
> el ordenamiento concreto no considera el derecho como un
> deber moral abstracto, basado en afirmaciones y normas, es
> decir en postulados o decisiones arbitrarias, sino más bien en
> las instituciones de la realidad histórico-social que anteceden
> el conflicto dualista entre ser y deber. Éstas, a su vez, están con-
> formadas y definidas por las ideas del orden vigente, en las
> cuales y de las cuales deriva el derecho concreto y se desarro-
> lla su objeto normativo limitado".

En otro párrafo, Böckenförde vuelve a formular el mismo pensamiento escribiendo sobre:

> "Un pensamiento jurídico orientado hacia los datos de hecho
> u órdenes, que el derecho concibe como un conjunto de es-
> tructuras jurídicas concretas (instituciones) y que interpreta, o
> por consecuencia pone en práctica, las reglas jurídicas indivi-
> duales, no como hechos aislados o dependientes de una deter-
> minada voluntad legislativa, sino a partir de las concretas
> relaciones de orden en las cuales se encuentran y a las cuales
> se conforman".

Esto refleja exactamente aquello que le otorga fascinación y excepcio-
nalidad a la Revolución conservadora: la revolución de la realidad en
contra de abstracciones a este punto ya superadas, y el interés por el detalle que tiene en sí mismo su sentido propio y no necesita de justificaciones previstas.

También la situación del enemigo ha sido reconstruida con precisión
por Böckenförde, siempre en relación con el mismo ensayo schmittiano:

> "Históricamente, el pensamiento basado en el ordenamiento
> concreto se encontraba en una importante posición político-
> polémica en contra de la sociedad liberal-individualista y su
> derecho normativo abstracto; que comprendía y regulaba, no
> sólo las relaciones de intercambio y de adquisición, sino tam-
> bién las instituciones de la vida social y política (como, por
> ejemplo, el matrimonio, la familia, la organización del trabajo,
> las relaciones entre empleados públicos, corporaciones, etc.),

así como las relaciones jurídicas entre individuos independientes (en cuanto sujetos jurídicos), es decir como una mayoría de tales individuos y no como órdenes suprapersonales".

También lo que diferencia a la Revolución conservadora del viejo conservadurismo —la idea de "crear situaciones dignas de ser conservadas" (I. 3)— es resumido por Böckenförde cuando se refirió al arriesgado proyecto de Carl Schmitt:

> "Respecto a aquello que aún existe o a los órdenes por recrear, las instituciones de la convivencia deberían representar el punto de partida y de referencia de las reglamentaciones jurídicas vinculadas a la situación del individuo y no al esfuerzo del individuo".

Además, concluyendo su escrito, Ernst Böckenförde destaca que la concepción del pensamiento basado en el ordenamiento concreto de Carl Schmitt encontró, en los años cincuenta y en un plano ligeramente diferente, su continuación en el pensamiento jurídico-institucional de Arnold Gehlen. Ésta permitía "el retorno de la idea oculta del contraste-dualismo entre ser y deber, dado que tanto la formación como la modificación del derecho no eran un proceso normativo, sino más bien social, que se concreta dentro de la realidad social con el apoyo de las fuerzas culturales, sociales y políticas".

Y desde el momento en que este distanciamiento de los axiomas liberales es recibido bajo sospecha de un nazismo encubierto, es útil escuchar con atención lo que Böckenförde dice con respecto al "otro": el pensamiento jurídico institucional ha

> "ayudado a comprender que el derecho no es el único poder normativo del orden social, sino más bien uno entre tantos (junto a los usos y costumbres, a la ética, a la religión, etc.), y que la realidad social —que se opone al derecho como algo que éste debe ordenar— no es en absoluto una realidad carente de normas y de ordenamientos, sino una realidad ya formada y plasmada por las normas".

3. Balance

Carl Schmitt, por lo tanto, no sólo tiene puntos en común con la Revolución conservadora, sino que formó parte de ésta plenamente y es uno de sus representantes más autorizados. Si esto no es evidente a primera vista es porque le falta el carácter típico de ciertas facciones propias: desde los nacionalrevolucionarios hasta los grupos populistas (bündische) o de orientación *völkisch*. También entre los neoconservadores (Jungkonservativen) parece un "solitario", dado que entre estos últimos domina la nobleza prusiana, báltica, católica de la Alemania del sur. Pero con su formulación del "pensamiento basado en un ordenamiento concreto", Carl Schmitt formuló la base de la Revolución conservadora de modo sorprendentemente nuevo y dinámico (por lo tanto, más eficaz). Además es más evidente, en su concepción, el elemento diferenciador de la Revolución conservadora desde el nacionalsocialismo respecto de lo que sucede en las otras facciones. En ese período, los nacionalsocialistas, contrariamente a los reproches convencionales modernos hacia Carl Schmitt, no se dejaron engañar por los testimonios rituales de cortesía que Schmitt les hacía como hombre sabio y poco heroico.

Schmitt y la Escuela de Frankfurt. La crítica alemana al liberalismo en el siglo XX

Ellen KENNEDY

"Carl Marx puede haber descubierto el beneficio, pero yo descubrí el beneficio político". Esta declaración semiseria de Carl Schmitt juega con un problema persistente para la teoría política, a partir de Hegel en adelante: el de la similitud, a menudo sorprendente, de las posiciones ideológicas de derecha e izquierda. La historia intelectual alemana de este siglo presenta un ejemplo particularmente complicado de tal "convergencia" en cuanto a la aceptación de la influencia de los trabajos de Schmitt por parte de la Escuela de Frankfurt.

La controversia que rodea a Schmitt no le concierne tanto a la calidad y a la profundidad de su obra como a sus consecuencias políticas. Cuestión espinosa para la historia intelectual en general, el caso de Schmitt es aún más problemático para la izquierda alemana. En oposición a los compañeros italianos, que hacen referencia a Schmitt sin ninguna clase de pudor, la izquierda alemana pronuncia su nombre con mucha cautela o ni siquiera lo pronuncia.[1] Siguiendo la línea de una visión de

---

[1] Cf. G. Duso (compilado por) *La politica oltre lo Stato*, Arsenale Cooperativa Editrice, Venecia, 1981. Para una útil reseña de los trabajos italianos sobre Schmitt, cf. A. Campi, *Sulla fortuna italiana di Carl Schmitt, La Nottola*, N° 3, 1984, págs. 55-78. Dos importantes textos sobre Schmitt son: P. P. Portinaro, *La crisi dello ius publicum europaem*, Edizioni di Comunità, Milán, 1982, y C. Bonvecchio, *Decisionismo, la dottrina politica di Carl Schmitt*, Unicopli, Milán, 1984. Sobre el recibimiento de Schmitt en Alemania después del primer conflicto mundial, cf. el Epílogo en J. W. Bendersky, *Carl Schmitt. Theorist for the Reich*, Princeton University Press, Princeton, N. J., 1983, ed. E. Kennedy, *Carl Schmitt in the West-German Perspective, West Europe and Politics*, N° 7, 1984, págs. 120-127.

Schmitt que comenzó a tomar forma con su defensa del *Preussenschlag* en 1932 y que se cristalizó con la colaboración con el nazismo después de 1933, Schmitt asumió, en la historia alemana, primero el rol de defensor de la reacción y de teórico del autoritarismo, y a continuación el de *Kronjurist* del Estado totalitario. En consecuencia, su popularidad entre los escritores ubicados en el otro sector del espectro político de Weimar fue olvidada en gran medida. A pesar de la perplejidad de Habermas en cuanto a "la enorme influencia de Carl Schmitt incluso sobre la izquierda",[2] la influencia actual del antiliberalismo de Schmitt se opacó por su reputación de pensador "fascista".

Pero el recorrido de la influencia de Schmitt no es tan lineal. La atención prestada por Habermas en relación con Schmitt y la influencia de este último sobre la primera generación de la Escuela de Frankfurt complican el panorama. La recepción del pensamiento de Schmitt puede ser hallada en el trabajo de Habermas y de Walter Benjamin y Otto Kirchheimer, anteriormente. Sin embargo, ninguno de éstos compartió los valores y los objetivos políticos de Schmitt. Una aversión común respecto del liberalismo, juntamente con el escepticismo hacia la democracia liberal, relacionó a estos y a otros personajes con la teoría política y legal de Schmitt, pero este hecho no dice mucho en relación con la influencia y a sus consecuencias, sobre todo en el punto en el cual la divergencia de valores es más evidente. Sin embargo, si apartamos la atención de los principales valores que distinguen a Schmitt de la Escuela de Frankfurt, se abre una nueva visión. Si bien los investigadores de una reciente antología inglesa encuentran los orígenes de la *Teoría crítica* "en una serie de idea que surgieron en la Alemania de los años 1920 y 1930", la enorme cantidad de literatura sobre la Escuela de Frankfurt casi nunca intentó buscar las propias ideas seminales más allá de Adorno y de Horkheimer.[3] La falta de

---

[2] (2) J. Habermas, *Psychischer Thermidor und die Wiedergeburt der rebellischen Subjektivität*, en J. Habermas, *Philosophisch-politische Profile, Suhrkamp Verlag*, Frankfurt a. m., 1984, pág. 334.

[3] D. Held a J. B. Thompson, Habermas: *Critical Debates*, Macmillan Publishers, Londres, 1982, pág. 2. Los mejores trabajos sobre Schmitt y la izquierda alemana fueron escritos por Volker Neumann y Alfons Söllner. Cf. Del primero *Verfassungstheorien politischer Antipoden: Otto Kirchheimer und Carl Schmitt, Kritische Justiz*, N° 48, 1981, págs. 235-254; *Kompromiss oder Entscheidung? Zur Rezeption der Theorie Carl Schmitts in den Weimarer Arbeiten Franz L. Neumann*, en J. Perels (compilado por), Recht, *Demokratie*

atención hacia los debates de Weimar acerca del Estado y de la política es una grave omisión en la amplia discusión sobre los orígenes de la *Teoría crítica*. El resultado fue la incomprensión de la teoría en sí misma.

La siguiente discusión se dirige hacia estos dos temas: la recepción de las ideas de Schmitt por parte de los teóricos de la Escuela de Frankfurt, entre otros Benjamin, Kirchheimer y Habermas, y la actitud de Schmitt respecto de las instituciones liberales. En segundo lugar, se tratará de resolver una paradoja en cuanto a la recepción de los trabajos de Schmitt que prevé el análisis de sus implicancias, una paradoja que Habermas presenta como esencialmente política. ¿Qué esperaban encontrar algunos de los principales críticos sociales alemanes de izquierda en el trabajo de un hombre que, más que cualquier otro intelectual alemán con la posible excepción de Heidegger, fue considerado responsable de la destrucción ideológica de la República de Weimar? La repuesta puede hallarse en una lógica particular adoptada por parte de Kirchheimer y Habermas y, en menor medida, de Benjamin.

Liberalismo contra democracia: Schmitt

La teoría de izquierda es antiliberal. Pero la crítica más coherente e inderogable jamás realizada en este siglo respecto de las instituciones liberales fue desarrollada por Schmitt. Como gran parte de la oposición alemana al liberalismo, la crítica de Schmitt era fundamentalmente metafísica y cultural.[4] En los ensayos escritos antes y durante la Primera Guerra Mundial (Schattenrisse, 1913; Theodor Däublers "Nordlicht", 1916; Die Buribunken, 1918) cuestionó los valores y los gustos burgueses, y desafió el credo liberal en cuanto al progreso y a la tecnología. *Politische Romantik* (1919) constituyó un puente de unión con los trabajos posteriores sobre la política y el derecho. Su criticismo cultural se transformó en la crítica de la razón que

---

und Kapitalismus: Aktualität und Probleme der Theorie Franz L. Neumanns, *Nomos Verlagsgesellschaft*, 1984, págs. 65-78; *Carl Schmitt und die Linke, Die Zeit*, N° 28 (8 de julio de 1983), pág. 32. De Söllner: *Leftist Students of the Conservative Revolution: Neumann, Kirchheimer and Marcuse, Telos*, N° 61, 1984, págs. 55-70. Cf. también W. Jäger, *Offentlichkeit und Parlamentarismus*: Eine Kritik an Jürgen Habermas, *Verlag W. Kohlhammer*, Stuttgart, 1973.

[4] Sobre esta tradición, cf. F. Stern, *The Politics of Cultural Despair: A study in the Rise of German Ideology*, Doubleday, New York, 1961.

identificaba a los objetivos del liberalismo alemán con lo que Schmitt llamaba "romanticismo político". La actitud burguesa, de la cual se había mofado en sus primeros trabajos, se transformó a través de la figura de Adam Müller, en la "occasio"; el romanticismo se convirtió en "ocasionalismo subjetivizado". Cuando Schmitt se dedicó al análisis del parlamentarismo liberal llegó a la conclusión de que la actividad central de los románticos —"la conversación sin fin" (ewige Gesprache)— encontraba su expresión en la costumbre de la burguesía liberal de evitar tomar cualquier tipo de decisión, discusión mediante.[5]

La burguesía creadora del liberalismo se le reveló a Schmitt como una clase política sólo a partir de *Politische Theologie* (1922), escrito bajo la influencia de pensadores contrarrevolucionarios, como Louis Bonald, Joseph de Maistre y Juan Donoso Cortés. La visión de Cortés de la burguesía liberal como perpetuamente indecisa fue particularmente importante al plasmar la teoría de Schmitt sobre el liberalismo, así como también lo fueron los análisis de Lorenz von Stein sobre la incompetencia de los liberales franceses en 1948 y sobre la decadencia de la vida política francesa durante el período liberal.[6] Si bien la experiencia de Schmitt con la administración de la ley marcial durante la Primera Guerra Mundial le hiciera prestar atención al problema de la dictadura, la Introducción a la primera edición de *Die Diktatur* señala que Schmitt comprendió plenamente el significado contemporáneo de ésta para la forma-estado solamente leyendo *Terrorismus und Kommunismus* de Kautsky (1919), en el contexto del debate marxista que le siguió. Aunque subtitulada "Von den Anfängen des modernen Souveränitätsgedankens bis zum proletarischen Klassenkampf", *Die Diktatur* concluye con el comienzo de la lucha de clases proletaria.[7]

---

[5] C. Schmitt (seud. Johannes Negelius, Mox Doctor), *Schattenrisse, Skimacheten Verlag*, Berlín, 1918; Theodor Dâubler's "Nordlicht": *Drei Student über die Elemente den Geist und die Aktualität des Werkes*, Georg Müller Verlag, Munich, 1916; *Die Buribunken, Summa*, N° 4, 1918, págs. 89-106. Para las referencias sobre Adam Müller y al"ocasionalismo", cf. C. Schmitt, *Politische Romantik*, Duncker & Humblot, Berlín, 1982, en particular las págs. 22-26 y 115-152. Cf. además C. Schmitt, *The Crisis of Parliamentary Democracy* (1923), trad. del inglés realizada por Ellen Kennedy, MIT Press, Cambridge, Mass., 1985, págs. 46 y 33-50.

[6] C. Schmitt, *Political Theology: Four Chapters on the Concept of Souvereignty*, trad. del inglés de George Schwab. MIT Press, Cambridge, Mass., 1985.

[7] C. Schmitt, *Die Diktatur. Von den Anfängen des modernen Souveranitätsgedankens bis zum proletarischen Klassenkampf*, Duncker & Humblot, Berlín, 1978.

Semejante lucha de clases impone el desafío más inmediato al Estado liberal: sus teóricos habían desarrollado la crítica más potente a las teorías burguesas sobre la ley y la dictadura. Éstos manifestaban que la dictadura no se contrapone necesariamente a la democracia, y que una dictadura marxista habría destruido tanto a la burguesía como al liberalismo. Schmitt llegó a la conclusión de que el liberalismo contradice a la democracia porque, en contraposición a la doctrina de la democracia leninista, la democracia liberal niega que la dictadura pueda constituir el medio para alcanzar el objetivo y una forma legítima de Estado. Schmitt afirma, además, que las ideas y las instituciones liberales no constituyen una limitación, ni práctica ni de principios, al poder democrático de la nación para decidir sobre la propia constitución. Era evidente en la historia contemporánea de Alemania y de Europa en general que las constituciones democráticas no fueron necesariamente liberales, sino que fue solamente después de la Revolución de Octubre de 1917 que Schmitt definió a la Constitución como "una decisión colectiva sobre el tipo y la forma de la unidad política". La definición de Lenin sobre la dictadura del proletariado como la única verdadera democracia ayudó a conformar la noción de contraste entre el liberalismo y la democracia, contraste que es de externa importancia para el análisis de Schmitt del parlamentarismo. En el ensayo *Die geistesgeschichtliche Lage des heutigen Parlamentarismus* (1923) Schmitt afirma que Marx había transformado a la burguesía a partir de un símbolo de desprecio literario en un hecho de relevancia histórica mundial.[8] La dictadura del proletariado puede decidir; la burguesía liberal no.

El punto de partida de Schmitt —el derecho y el Estado— incorpora una intención trascendental. El positivismo jurídico había ignorado los "cuestionamientos últimos" de la autoridad política: el poder del Estado y la legitimidad. La crisis moderna de la legitimidad se inició con Descartes. Con el colapso de la vieja metafísica basada en un Dios trascendente, en la moderna filosofía había aparecido un dualismo entre lo exterior y lo interior, entre existir y sentir, entre naturaleza y espíritu, entre sujeto y objeto, etc., que tuvo consecuencias a largo plazo para la vida política. Sin un Dios trascendental, la cuestión crítica en la filosofía política se transformó en la siguiente: "¿Quién habría tomado su lugar

---

[8] C. Schmitt, *Parliamentary Democracy, op. cit.*, págs. 51-64.

como la más alta y la más cierta realidad y así servir como punto de legitimación en la realidad histórica?". Según la opinión de Schmitt había solamente dos candidatos: o "la comunidad" o "la historia". En la filosofía política moderna éstas eran las fuentes primarias de la legitimidad conservadora o progresista.[9]

La importancia de la "decisión" en el trabajo de Schmitt se origina en este problema. La "decisión" es el medio para terminar con la divergencia iniciada a partir de la filosofía moderna entre idea y realidad. Su definición de soberanía en *Politische Theologie* ("Soberano es quien decide sobre el estado de excepción")[10] genera un criterio práctico. La soberanía no se mantiene con el monopolio de la fuerza —aquí la teoría de Schmitt difiere de la de Hobbes— sino con el "monopolio de la decisión" del soberano; las decisiones soberanas median entre el derecho y el poder, e implementan la justicia. El dilema de la jurisprudencia moderna en el pensamiento de Schmitt deriva de la ubicación que ésta ocupa entre teología y tecnología; la tensión se puede resolver solamente por una ciencia concreta. Concebida de tal modo, la jurisprudencia mantiene las puertas abiertas hacia la verdad trascendental que puede únicamente impregnar de significado la historia.[11]

La crítica cultural de Schmitt es la fuente de su crítica negativa de la sociedad y de la política modernas; su intención filosófica es la fuente de su concepción positiva del Estado en términos de teoría de la verdad. Dos rasgos distintivos de la descripción de Schmitt de la República de Weimar permanecieron como partes formales de una crítica típicamente alemana al liberalismo. Como primer paso, Schmitt construyó un modelo "clásico" de instituciones liberales y cotejó luego con éste las contrapartidas contemporáneas. Este método fue utilizado en su libro sobre el parlamentarismo y en su *Verfassungslehre* (1928). *Die geistesgeschichtliche Lage des heutigen Parlamentarismus* lo demuestra aún más claramente. Después de haber delineado las características de la teoría liberal

---

[9] C. Schmitt, *Political Romanticism, op. cit.,* pág. 105.

[10] C. Schmitt, *Political Theology, op. cit.,* págs. 5 sigs.

[11] Ibid., capítulo 1; cf. también C. Schmitt, *Die Lager der europäischen Rechstwissenschaft, en Verfassugsrechtliche Aufsätze den Jahren* 1924-1954. *Materialien zu einer Verfassugslehre,* Duncker & Humblot, Berlín, 1958, págs. 386-429.

y de haber definido el gobierno parlamentario en términos de principios de discusión, publicidad y esfera pública, llega a la conclusión de que el Parlamento como institución está en decadencia y de que sus principios ya no son creíbles. Utiliza la misma argumentación en *Legalität und Legitimität* (1932), con la diferencia de que Schmitt llega a la explícita conclusión de que la decadencia de las instituciones liberales desde sus propios principios destruye sus pretensiones de legitimidad.[12]

Un segundo elemento distintivo de la argumentación de Schmitt lo diferencia tanto del pensamiento jurídico alemán como de la crítica marxista al liberalismo. La doctrina jurídica alemana había ignorado la política o (según Schmitt) había incorporado los valores públicos en una jurisprudencia denominada neutral, mientras que Schmitt intentó hacer que el derecho constitucional y la jurisprudencia estuvieran atentos a la realidad política en la cual y con la cual debían operar.[13] Los marxistas ofrecían, en cambio, una crítica social pero ninguna teoría del Estado. Marx se había ocupado del origen político del derecho y del origen clasista del Estado, pero no había intentado desarrollar una ciencia del derecho y de la política que analizara el Estado liberal en las complicadas condiciones del capitalismo del siglo xx. Los marxistas europeos que intentaron desarrollar una teoría marxista del Estado en los años veinte, cuando un movimiento comunista ya tenía en sus manos el poder estatal en Rusia, tomaron cada vez más conciencia de este retraso en la teoría revolucionaria.[14]

El trabajo de Schmitt analizó la contradicción en la democracia liberal —el punto de partida de cada desafío radical respecto a la democracia representativa y de las instituciones políticas liberales desde los tiempos de la Revolución francesa— en términos de una teoría del Estado. Schmitt estaba de acuerdo con el hecho de que el liberalismo destruye la democracia y la democracia destruye el liberalismo. Su desarrollo de esta posición en una teo-

---

[12] C. Schmitt, *Legalität und Legitimität*, Duncker & Humblot, München-Leipzig, 1932.

[13] C. Schmitt, *Introduzione a Die Diktatur, op. cit.*, págs. IX-X.

[14] Cf. M. Adler, *Die Staatsauffassung des Marxismus. Ein Beitrag zur Unterscheidung von soziologischer und juristischer Methode* (1922), publicado nuevamente por la Wissenschaftliche Buchgesellschaft, Darmstadt, 1964. Para una larga discusión sobre *Die Diktatur* de Schmitt, muchas de cuyas categorías (dictadura soberana y comisaria) son analizadas positivamente, véanse pág. 193 y sigs.

ría del Estado y de las instituciones liberales capturó la atención de algunos miembros de la Escuela de Frankfurt, que la tradujeron en términos políticos de izquierda. El núcleo de la teoría de Schmitt puede ser resumido como sigue. (i) La burguesía es frívola e indecisa. De esto se deduce que (a) la democracia liberal es una forma política burguesa que depende del compromiso, (b) que el compromiso dentro de tal sistema es tácticamente o explícitamente redefinido "falso" o "formal", (c) que las constituciones liberales son construcciones políticas "indecisas" que jamás resuelven, de un modo sustancial, las pretensiones materiales de igualdad. (ii) La democracia, "identidad de gobernantes y gobernados", desafía la legitimidad del gobierno liberal (gobierno de la mayoría, discusión parlamentaria y orden público). (iii) La democracia liberal es inseparable de las instituciones del Estado constitucional burgués, garante funcional y normativo de la sociedad liberal. La formación de la ley (Parlamento), así como su interpretación y administración (magistratura y burocracia estatal), dividen aún más el ideal democrático y la realidad liberal. Contradicen, por lo tanto, la legitimidad democrática mediante la "neutralización" y la "formalización" de la política. (iv) Legalidad y legitimidad no son idénticas como afirma, en cambio, la teoría liberal, sino dos conceptos diferentes e, incluso, contradictorios. Además de las fuentes legales y procesales de la legitimidad, existen al menos otras tres: *ratione materiae* (las pretensiones materiales de justicia); *ratione supremitatis* (legitimidad plebiscitaria); y *ratione necessitatis* (órdenes administrativos en períodos de emergencia o de excepción).

La crítica estética del liberalismo y del compromiso: Benjamin

Al igual que Donoso Cortés, Schmitt pensaba que el liberalismo solamente era posible durante intervalos no políticos, es decir, en períodos de tiempo políticamente serenos, para usar términos expresivos.[15] Para Schmitt, la posición liberal no era sólo un accidente de la historia, sino el reflejo de una metafísica. Su esperanza eterna era que las batallas decisivas pudieran ser transformadas en debates parlamentarios, retrasando la toma de decisiones por las discusiones sin fin. El Parlamento representaba, por lo tanto, la principal invención de la burguesía liberal, la necesaria institucionalización de sus valores y de sus objetivos. Pero,

---

[15] C. Schmitt, *Political Theology*, op. cit., pág. 61 y sigs.

al igual que Marx, Schmitt veía en el carácter clasista de la democracia parlamentaria la semilla de su decadencia. Una vez que hubiera triunfado el liberalismo en la representación parlamentaria del pueblo, aquellas clases que habían sido aliadas de la burguesía en contra de la monarquía se habrían rebelado, a su vez, en contra del dominio burgués. Siendo esencialmente apolítica, la burguesía habría sido incapaz de responder al desafío. Ésta habría discutido, mientras otros habrían decidido ir en contra de la democracia parlamentaria y el liberalismo.

Walter Benjamin había llegado antes, incluso, a tales conclusiones. En un ensayo de su juventud, *Das Lebe der Studenten* (1915), ya había criticado la "banal filosofía de vida" en las universidades alemanas, como una contradicción del espíritu. Su ataque contra la vida burguesa lo llevó a identificar los valores burgueses con la neutralización del peligro y, por lo tanto, con el centro espiritual de la vida, de la ciencia y del eros. Vio en los pocos años estudiantiles de libertad antes del comienzo de la vida familiar y profesional —"este período totalmente irracional a la espera de una posición y del matrimonio"— una alegre y seudorromántica pérdida de tiempo.[16] Ésta inculcaba la misma frívola superficialidad que Schmitt también veía en el liberalismo.

Después de la Primera Guerra Mundial y de la revolución alemana, Benjamin amplió esta crítica: a partir de los valores burgueses pasó a criticar las instituciones burguesas. En 1921 público una crítica sobre la violencia *(Kritik der Gewalt)*, con la intención de que ésta formara parte de un estudio más amplio sobre la política. Escrito bajo la influencia de las *Réflexions sur la violence* de Sorel (1912), que Benjamin había leído impulsado por Ernst Bloch y Hugo Ball, él utilizó una situación de emergencia (en este caso, una huelga general revolucionaria) para revelar la esencia de la política.[17] Las argumentaciones de Benjamin son paralelas a las expresadas por Schmitt en *Politische Theologie*. La excepción (Aus-

---

[16] W. Benjamin, *Das Leben der Studenten, en Gesammelte Schriften*, a cargo de R. Tiedemann y H. Schweppenhäuser, Suhrkamp Verlag, Frankfurt a.m., 1974, tomo II/1, págs. 75-87.
[17] W. Benjamin, *Kritik der Gewalt*, en *Gesammelte Schriften, op. cit.*, II/1, págs. 179-203. Sobre la amistad de Benjamin con Bloch y Ball, véase G. Sholem, W. Benjamin, *Die Geschichte einer Freundschaft*, Suhrkamp Verlag, Frankfurt a.m., 1975, tomo II/1, pág.100 y sigs.

nahme) es una posibilidad que devela tanto la esencia de la política como la estructura última de la soberanía. Su crítica al parlamentarismo liberal hace referencia en mayor medida a Erich Unger y Anatole France que a Schmitt, en relación con su concepción del compromiso como corrupción.[18] Pero la afinidad con el pensamiento de Schmitt es, sin embargo, sorprendente. Benjamin afirma que el Parlamento olvidó los orígenes de su autoridad y perdió la fuerza de creador de las leyes que él mismo representa, y decayó hasta el punto de llegar a ser un "patético espectáculo" incapaz de tomar decisiones dignas de su poder democrático.[19] La corrosión de este ideal en la práctica real de las instituciones parlamentarias había apartado, finalmente, de la democracia liberal a un número de personas equivalente al mismo número que se había acercado con entusiasmo antes de la Primera Guerra Mundial. Los ensayos de Benjamin, sin embargo, no fueron influidos directamente por Schmitt, si bien *Der Ursprung des deutschen Trauerspiels* (1928) contiene un largo párrafo que se refiere a la teoría de la soberanía de Schmitt incluida en *Politische Theologie*.

Benjamin expresó su deuda con Schmitt en una carta: "En los próximos días recibirá del editor un ejemplar de mi libro *Der Ursprung des deutschen Trauerspiels*. Con éstas líneas no me limito sólo a anunciárselo, sino que sobre todo, le expreso mi agrado por el hecho de podérselo enviar, gracias a una sugerencia del señor Albert Solomon. Ud. se dará cuenta de cuán en deuda le estoy por la descripción de la teoría de la soberanía del siglo XVII. Me permito agregar que encontré una confirmación de mi método de investigación con relación a la filosofía y a la historia del arte en la filosofía del Estado expuesta en sus últimos trabajos, sobre todo en *Die Diktatur*. Si Ud. continúa teniendo la misma idea después de haber leído mi libro, yo habré alcanzado mi objetivo".[20]

---

[18] Erich Unger, *Politik und Metaphysik*, Verlag David, Berlín, 1921. Benjamin le escribió a Sholem diciéndole que este último era "el trabajo sobre política más importante de la época". Cf. W. Benjamin, *Briefe*, a cargo de G. Sholem a T. Adorno, Suhrkamp Verlag, Frankfurt a. M., 1966, pág. 252.

[19] W. Benjamin, *Kritik der Gewalt*, en *Gesammelte Schriften*, op. cit., II/1, págs. 190-191.

[20] W. Benjamin, *Gesammelte Schriften*, op. cit., I/3, pág. 887.

Benjamin continuó admirando el trabajo de Schmitt aun después de haber abandonado el conservadorismo místico del Movimiento juvenil (Jugendbewegung) y de haber encontrado a Bertold Brecht. Su eclecticismo lo llevó a sentirse atraído no sólo por Schmitt sino también, entre otros, por Stefan George, Ludwig Klages y Johan Jakob Bachofen. Para los críticos literarios de Benjamin, sin embargo, su admiración por Schmitt (al igual que su admiración por Brecht) constituyó un problema. Adorno eliminó todas las referencias a Schmitt cuando apareció *Der Ursprung des deutschen Trauerspiels* en la primera recopilación de las obras de Benjamin.[21] En la correspondencia de Benjamin, recopilada por Adorno junto a Gershon Sholem, no aparecieron ni la carta antes mencionada ni tampoco ningún otro indicio de la admiración que Benjamin sentía por Schmitt.

La afinidad entre el pensamiento de Benjamin y el de Schmitt en relación con el liberalismo y al parlamentarismo, y la admiración de Benjamin por la *Politische Theologie* pueden parecer insignificantes en la historia de la Escuela de Frankfurt, pero sin embargo ponen a Adorno en una situación desagradable. Pero no puede decirse lo mismo en relación con la aceptación de Schmitt en la *Teoría crítica*. Por lo que se refiere a la historia de la Institución redactada por Martin Jay, la Escuela de Frankfurt "se negó a desarrollar una teoría política definida", tanto en su patria como en el exilio.[22] No obstante este hecho, Jay deja de lado con discreción los problemas más profundos en relación con la influencia de Schmitt sobre dos hombres que, después de haber adherido a la Institución en Nueva York, se transformaron en "los teóricos políticos de la *Teoría crítica*": Franz Neumann y Otto Kirchheimer.

---

[21] W. Benjamin, *Schriften, op. cit.*

[22] M. Jay, *The Dialectical Imagination: A History of the Frankfurt School and the Institute of Social Research*, 1923-1950, Little, Brown and Company, Boston-Toronto, 1973. Jay comenta: "Hasta el ingreso de científicos políticos como Franz Neumann y Otto Kirchheimer en el Instituto, se ponía escaso empeño en la elaboración de una teoría autónoma de la política" (pág. 118). Solamente hacia el final de los años treinta, Friedrich Pollock analizó la "supremacía de la política" teorizada por el nazismo. Pero según la opinión de Jay, la Escuela de Frankfurt "se negó a desarrollar una teoría política acabada" (pág. 155). Cf. también M. Wilson, *Das Institut für Sozialforschung und seine Fascismusanalysen*, Campus Verlag, Frankfurt a. M., 1982 y la reseña de G. Brandt, *Warum versagt die KritischeTheorie?*, *Leviathan*, Nº 2, 1983, págs. 151-156.

La crítica a la regla de la mayoría y al Estado constitucional: Neumann y Kirchheimer

Tanto Neumann como Kirchheimer participaron del seminario de derecho constitucional de Schmitt en la Handels-Hochschule de Berlín en los años 1930- 31, durante el período de la intensa crisis de las instituciones parlamentarias de Weimar. La razón de esta crisis era el pluralismo antagonista que continuamente ponía en peligro la formación de coaliciones políticas estables. En particular, las divergencias entre los socialdemócratas y la Deutsche Volkspartei eran demasiado amplias como para ofrecer una base sólida al gobierno socialdemócrata de Herman Müller, que presentó su renuncia el 27 de marzo de 1930. Al día siguiente, el presidente Hindenburg nombró canciller a Heinrich Bruning y su gabinete comenzó a gobernar sobre la base de ciertas disposiciones de emergencia previstas por el artículo 48 de la Constitución de Weimar. Ya que los poderes de "emergencia" de Bruning derivaban directamente de Hindenburg, su gabinete pudo permanecer en el poder solamente hasta que el Presidente estuvo listo para defender su política, es decir, hasta la primavera del 1932. Desde el comienzo, sin embargo, el gabinete de Bruning no tuvo ninguna base parlamentaria en el Reichstag. Los socialdemócratas mantuvieron una política de tolerancia o de aceptación pasiva con el objetivo de prevenir la combinación de fuerzas antidemocráticas de derecha y de izquierda (los partidos comunista y nazi), que habrían intensificado la crisis política y constitucional durante el creciente caos económico. El seminario berlinés de Schmitt se basaba principalmente en la tensión entre las características formales (legales y legislativas) de la Constitución de Weimar y su sustancia (lo que Montesquieu llamó el "espíritu" de las leyes o, en la terminología de Schmitt, el principio de legitimidad de la Constitución). En los dos años siguientes publicó *Der Huter der Verfassung* (1931) y *Legalität und Legitimität* (1932). Ambos fueron trabajados sobre los temas del *Begriff des Politischen*, sobre la *Verfassungslehre* y sobre su análisis de las disposiciones previstas por la Constitución de Weimar, especialmente aquellos relacionados con la autoridad presidencial, con la disolución del Parlamento y, aún más importante, con el carácter de los "derechos de base", y sobre su relación con el resto de la Constitución. El trabajo de Neumann y Kirchheimer, durante aquellos años, siguió los conceptos de Schmitt.

Franz Neumann fue a Berlín en 1928 —el año en el cual Schmitt dejó Bonn a raíz de un nuevo puesto en la Handels-Hochschule— y trabajó desde el comienzo en un estudio legal especializado en legislación del trabajo. Sus conexiones con abogados de los sindicatos socialdemócratas (entre los cuales estaban Otto Kahn-Freund, Ernst Fraenkel y Goetz Briefs) eran muy estrechas, y él continuó cultivando los intereses académicos y práctico-políticos desarrollados como asistente de Hugo Sinzheimer en Frankfurt (1923-27). En Berlín compartió su estudio con Fraenkel y enseñó en la Hochschule für Politik, un instituto fundado después de la Primera Guerra Mundial siguiendo el modelo de la London School of Economics y de la École Normale de París. A pesar de todo esto, Neumann tuvo tiempo para participar en los seminarios de Schmitt, en los cuales elaboró un ensayo sobre *Diritto pubblico e privato nella legislazione del lavoro* en el semestre invernal de 1930. La participación de Neumann en el seminario de Schmitt le dio la oportunidad, como hizo notar Söllner, de estudiar "la agonía de la República de Weimar en su punto crítico, al que se había llegado por la unión del movimiento de los trabajadores con la democracia".[23]

El análisis de Neumann aplicó los conceptos de Schmitt a los problemas específicos de la legislación del trabajo y, más generalmente, a la crisis política de la democracia en Alemania. Esto es particularmente evidente en dos artículos publicados en los años 1930-31, exactamente en el período en el cual participó del seminario de Schmitt: *Il significato sociale dei diritti di base nella Costituzione di Weimar y Intorno ai presupposti e concetti di diritto in una costituzione economica.*[24] Utilizando la teoría de las instituciones y de los dogmas legales de Schmitt, Neumann estudió la democracia económica en su análisis sobre el rol de

---

[23] A. Söllner, Franz Neumann: *Skizzen zu einer intellektuellen und politischen Biographie,* en F. L. Neumann, *Wirtschaft und Demokratie:* Aufsätze 1930-1954, compilado por A. Söllner, Suhrkamp Verlag, Frankfurt a.m., 1978, pág. 11. Se halla información sobre la participación de Neumann en los seminarios berlineses de Schmitt en la carta inédita de Neumann dirigida a Schmitt, con fecha 21 de noviembre de 1930 (C. Schmitt, Nachlass, Hauptstaatsarchiv, Düsseldorf, RW265-339).
[24] Ambos artículos han aparecido originariamente en *Die Arbeit.* Posteriormente han sido publicados nuevamente en Neumann, *Wirtschaft, Staat und Demokratie, op. cit.,* págs. 55-75 y 76-102.

los sindicatos en el sistema constitucional de Weimar: *Koalitionsfreiheit und Reichsverfassung: Die Stellung der Gewerkschaften im Verfassungssystem* (1932). El tema de base era si la "libertad" en el sentido liberal-capitalista podía unirse a la democracia económica.

Neumann afirmaba que los sindicatos durante la tardía República de Weimar estaban comprometidos en la democratización de las instituciones económicas (públicas y privadas), con el fin de obtener una distribución más pareja de los bienes y del poder social, manteniendo al mismo tiempo los derechos sobre la propiedad privada. Basándose en la definición de la política en términos de "amigo-enemigo" de Schmitt, Neumann afirmó que la relación "política" fundamental en la tardía República de Weimar era la de capital y trabajo. Después de haber leído *Legalität und Legitimität* de Schmitt (¡nada menos que dos veces!) Neumann le escribió a Schmitt en septiembre del 1932. "Estoy totalmente de acuerdo con Ud. en la parte crítica del libro. También yo estoy convencido de que la democracia parlamentaria no puede funcionar más según el principio de iguales posibilidades (…). Siento que mi deber en los próximos tiempos será el de establecer la exactitud de su opinión desde el punto de vista económico y sociológico. Si se entiende que la contradicción política fundamental en la Alemania de hoy está constituida por la contradicción económica, que el grupo amigo-enemigo decisivo es aquel que se da entre trabajo y propiedad, entonces es claro que el gobierno parlamentario ya no es posible a la luz de tal contradicción política".[25]

Los vínculos de Kirchheimer con Schmitt eran antiguos y profundos. Había estudiado con Schmitt en Bonn donde, en los años 1927-28, participó del seminario de Schmitt sobre el "Begriff des Politischen". Mientras que Neumann, socialdemócrata, estaba comprometido con una política reformista, Kirchheimer, radical de izquierda, demostraba hostilidad hacia las instituciones representativas. Mientras Neumann creía en la República y en la política de reforma, el trabajo de Kirchheimer de aquel período demostraba una cierta hostilidad respecto de Weimar y de

---

[25] Carta de Neumann a Schmitt (2 de septiembre de 1932), publicada en R. Erd (compilado por), *Reform und Resignation: Gespräche über Franz Neumann, Suhrkamp Verlag*, Frankfurt a.m., 1985, pág. 79.

sus instituciones, desconocida en los trabajos de Neumann, pero similar a la actitud de Schmitt. Kirchheimer, mucho más que Neumann, fue el heredero legítimo de Schmitt y quien transmitió sus ideas a la *Teoría crítica*. Él fue el más importante "schmittiano" de la izquierda.

Las semejanzas entre los análisis de Kirchheimer y Schmitt llevaron a Söllner a definir el trabajo de Kirchheimer como "schmittianismo de izquierda" (Links- Schmittianismus).[26] Si bien es cauto en relación con un "totalitarismo" que pone en el mismo plano la derecha y la izquierda, el trabajo de Söllner individualiza la gran deuda que, respecto de Marx y de Schmitt, tuvo el análisis agudísimo de la crisis de Weimar de Kirchheimer. Kirchheimer no solamente empleó el método "tan típico de Carl Schmitt", según el cual la evidencia jurídica y los cambios en la estructura del derecho tienen siempre un directo contenido político, sino que se valió también de "las mismas metáforas y los mismos teoremas de su maestro" para aclarar la crisis de Weimar. Al igual que Schmitt, enfatizó la presencia de principios de legitimación conflictivos en la Constitución de Weimar; al igual que Schmitt, identificó la causa última del colapso de Weimar con su incapacidad para decidir.

Söllner ve en la sutil utilización de Schmitt por parte de Kirchheimer "un instrumento extremadamente mordaz y diferenciado", la clave de la complicada crisis constitucional de la República, una crisis originariamente social, pero expresada en términos políticos. Söllner concuerda con John Herz y Eric Hula en que el "schmittianismo" de Kirchheimer es "una variante del marxismo", porque se concentra en la contradicción entre la idea del Estado constitucional y la democracia.[27] El desarrollo de esta visión por parte de Kirchheimer se basa en la diferenciación entre la democracia "verdadera" o directa y la democracia "formal" o representativa, y sobre la definición de la Constitución de Weimar como un Estado constitucional burgués carente de decisión política.

---

[26] Söllner, *Left Students of the Conservative Revolution, op. cit.*

[27] J. Herz y E. Hula, *Otto Kirchheimer: An Introduction to his Life and Work*, en *Politics, Law and Social Change: Selected Essay of Otto Kirchheimer*, Columbia University Press, New York, 1969, págs. IX-XXXVIII, véanse especialmente págs. X-XI.

Kirchheimer adoptó la diferenciación de Schmitt entre democracia verdadera y formal en su ensayo de 1928 *Zur Staatslehre des Sozialismus und des Bolschewimus*. La definición de Schmitt de la democracia "verdadera" o directa como "identidad de gobernantes y gobernados" era clásicamente simple.[28] La democracia "formal" o representativa compromete las pretensiones fundamentales de un Estado democrático. En el caso de Weimar, su pretensión constitucional como democracia se contradecía con la realidad constitucional de muchas de sus disposiciones.[29] Para Schmitt, la contradicción crucial entre la "democracia de masas" y el "parlamentarismo" se cimentaba en la contradicción entre la pretensión de igualdad y la realidad de desigualdad. La verdadera democracia requiere homogeneidad; la democracia liberal da por descontado el tema de la pluralidad de intereses.[30] Kirchheimer se apropió de este concepto pero trasladó el énfasis del idealismo de Schmitt a una definición materialista de homogeneidad. Sin homogeneidad social y económica, afirmó, la democracia se transformaría en una fuente permanente de conflicto. Así como Schmitt consideraba secundarias e ineficaces las cláusulas institucionales de la democracia. En contraste con la verdadera democracia, con su sustancial consenso de valores, la garantía de fábrica de la democracia formal es "la ausencia de valores que podrían ser cotejados con contravalores, a menos que se considere esta ausencia de valores como un valor en sí misma". La democracia liberal era una forma de gobierno transitoria en la que tenía lugar la lucha de clases.[31]

El modo en el cual una argumentación formal compartida puede conducir a conclusiones sustancialmente diferentes puede verse en el modo en

---

[28] C. Schmitt, *Parliamentary Democracy, op. cit.*, pág. 21. Cf. también C. Schmitt, *Verfassungslehre, op. cit.*, pág. 223; *Legalität und Legitimität*, en *Verfassungsrechtliche Aufsätze, op. cit.*, pág. 295; y *Volkenschild und Volksbegehre: Ein Beitrag zur Auslegung der Weimarer Verfassung und zur Lehre von der unmittelbaren Demokratie*, Walter De Gruyter & Co., Berlín, 1927.

[29] Véase E. R. Hubert, *Verfassung und Verfassungswirklichkeit bei Carl Schmitt*, en Huber, Bewahrung und Waldlung: *Studien zur deutschen Staatstheorie und Verfassungsgeschichte*, Duncker & Humblot, Berlín, 1975, págs. 18-36.

[30] Para una confutación de las posiciones de Schmitt, cf. H. Heller, *Politische Demokratieund soziale Homogenität* (1928), en *Gesammelte Schriften*, A. W. Sijthoff, Leiden, 1971, tomo II, págs. 421-433.

[31] O. Kirchheimer, *Zur Staatslehre des Sozialismus und Bolschewismus*, en *Zeitschrift für Politik*, N° 17, 1928, págs. 593-611. Retomado en Kirchheimer, *Von der Weimarer Republik zum Faschismus. Die Auflösung der demokratischen Rechtsordnung*, Suhrkamp Verlag, Frankfurt a.m., 1976, págs. 32-57.

el cual Schmitt y Kirchheimer se ocuparon de los derechos sobre la propiedad en la Constitución de Weimar (el artículo 153 salvaguardaba la propiedad en su primera sección, sometía la apropiación al bien común en la segunda y declaraba a la propiedad un "deber" en la tercera). Para ambos, el pluralismo de Weimar era un ejemplo concreto de la "indecisión" de la Constitución, el resultado de un compromiso histórico en la Asamblea Nacional de Weimar. Si bien el acuerdo en relación con la idea de que los derechos sobre la propiedad son un problema político-constitucional crucial para la República, difieren en la interpretación sobre el propósito de la Constitución.[32] Para Kirchheimer, la institución legal de la propiedad privada contradecía la noción de "obligación social"; para Schmitt, el artículo 153 dejaba abierta esta cuestión. Neumann trató de conciliar ambas teorías en su concepción de democracia económica. Sin embargo, todos estaban de acuerdo en que la controversia contemporánea era sobre los límites de la intervención estatal. Para Schmitt, la definición de los derechos sobre la propiedad "tiene el objetivo práctico de determinar una medida de protección respecto del legislador".[33] Para Kirchheimer, se trataba de una disputa en relación con los límites de apropiación, y la indecisión de la Constitución de Weimar se refería a la amplitud de la intervención estatal en el intento de alcanzar la igualdad social.

Schmitt y Kirchheimer llegaron a las mismas conclusiones en relación con la legitimidad de las instituciones centrales del gobierno liberal. Sin una sustancial igualdad de sus ciudadanos, que a su vez habría hecho posible el hecho de compartir los valores, las decisiones democráticas perdían su legitimidad. En su ensayo, Kirchheimer se preguntó: "¿Cómo es posible un gobierno en estas circunstancias?"; "¿Quién decide con respecto a las 'riendas' del poder?". La respuesta liberal —la regla de la mayoría— fracasaba porque dicha regla requería por sí misma una justificación ante la ausencia de valores compartidos.[34] En un sistema de pluralismo liberal, la mayoría significaba la eliminación de los miembros

---

[32] C. Schmitt, *Freiheitsrechte und institutionelle Garantien* (1931), en *Verfassungsrechtliche Aufsätze, op. cit.*, págs. 140-173; y Kirchheimer, *Zur Staatslehre des Sozialismus und Bolschewismus,* (1939), en *Von der Weimarer Republik, op. cit.*, págs. 77-90.

[33] C. Schmitt, ibid., pág. 161.

[34] O. Kirchheimer, *Zur Staatslehre des Sozialismus und Bolschewismus, op. cit.*, págs. 34-35.

más débiles de la economía desde el punto de vista político y social. Comentando *Weimar und was dann?* de Kirchheimer, Schmitt afirmó que los derechos y obligaciones especificados en la segunda parte de la Constitución eran el producto de un "débil compromiso formal", del "agnosticismo de la constitución". Para Kirchheimer, se trataba de "una constitución sin una decisión". No resolvía, simplemente postergaba el conflicto entre "capitalismo occidental y comunismo oriental. El *status quo* no resuelto de la segunda parte de la constitución estaba preservado por la estructura institucional de la primera parte".

Schmitt, Neumann y Kirchheimer estaban de acuerdo con la "indecisión" fundamental de la Constitución de Weimar en relación con el conflicto entre capital y trabajo. Cada uno desarrolló, sin embargo, diferentes interpretaciones de tal conflicto. Mientras Schmitt vio en su resolución la condición previa para la supervivencia de la República, en contraposición a Neumann y Kirchheimer, rechazó las soluciones socialistas y comunistas. Schmitt concentró su atención en las dimensiones específicamente políticas y constitucionales de la crisis, y desarrolló la teoría legal que para Kirchheimer resultó tan útil.

La posición polémica de Kirchheimer celebraba el aparente fracaso de la constitución. Como buen marxista, consideraba la crisis del capitalismo en los términos de una situación de desarrollo revolucionario: el colapso de la democracia había servido, al menos, a los intereses de las clases trabajadoras. La eliminación de las instituciones liberales era una condición previa para la verdadera democracia. Neumann era más escéptico sobre estas ideologías. En su opinión, "el deber central de una teoría del Estado socialista era el desarrollo de un contenido social positivo de la segunda parte de la Constitución de Weimar". De esta manera, Neumann escribió "Cuando Kirchheimer se pregunta 'Weimar und was dann?' (¿Weimar y después qué?), la respuesta puede ser sólo: antes que nada Weimar".[35]

Kirchheimer estaba de acuerdo con Schmitt en que la democracia libe-

---

[35] Cf. C. Schmitt, *Parliamentary Democracy, op. cit.*, págs. 13-14. Véase también la réplica de Schmitt a Richard Thoma (en el prólogo a *Parliamentary Democracy*), en la cual la democracia se opone al ordenamiento democrático sustancial.

ral y el Estado constitucional burgués eran esencialmente neutrales y pluralistas. El dilema del Estado constitucional era el resultado de la inadecuación del concepto liberal de política. En el momento en que la burguesía había vencido a la corona y a la aristocracia, la idea del dominio de la ley había sido neutralizada. Involucrada en esta transformación, también estaba una neutralización de la política a través del derecho y la "legalización" de las relaciones sociales. Tanto Schmitt como Kirchheimer rechazaron la identificación liberal de la legitimidad con la legalidad. Para Kirchheimer, la legalidad del Estado constitucional no le otorgaba al mismo una legítima pretensión de autoridad, porque ésta era aún un instrumento de los intereses de clases. Para Schmitt, el Estado liberal estaba amenazado por su mismo pluralismo: no podía distinguir entre competidores políticos mediante el propio criterio de legitimidad; por lo tanto, los aceptaba a todos basándose en las "reglas del juego" legales y quedaba indefenso por su misma neutralidad. La legitimidad de la constitución se desgastaba desde adentro, porque sus decisiones eran formales.[36]

Kirchheimer identificó dos alternativas para la "máquina legal" de Weimar. La primera era el recorrido de la reforma política de los socialdemócratas. Schmitt había afirmado que el parlamentarismo era un sistema de equilibrio racional que rechazaba la fuerza por ser "el modo de actuar de las bestias" (Locke), y defendía el dominio de la ley. El fundamento intelectual de la neutralidad del Estado constitucional burgués contrastaba, afirmó Schmitt, con los mitos irracionales de los nuevos movimientos antiliberales: el facismo y el movimiento bolchevique. Kirchheimer aceptaba el análisis de Schmitt y, así como su maestro, creía que la política europea contemporánea confirmaba cuán vulnerable era el liberalismo a causa de su neutralidad y su indecisión. "El mito político tiene la capacidad de compactar alrededor de valores políticos a un grupo fuertemente motivado".[37] En contraste con el activismo político de este tipo, el reformismo socialdemócrata podía ser solamente un reflejo de la neutrali-

---

[36] Véase, junto a los otros trabajos citados, Kirchheimer, *Verfassungswirklichkeit und politische Zukunft der Arbeiterklasse*, en «Die konkrete Verfassungslage der Gegenwart", en *Der Hüter der Verfassung, op. cit.*, págs. 71-131.

[37] O. Kirchheimer, *Zur Staatslehre des Sozialismus und Bolschewismus, op. cit.*, pág. 43; Politics. *Law and Social Change, op. cit.*, pág. 5; Cf. Schmitt, *Parliamentary Democracy, op. cit.*, pág. 65 y sigs.

dad liberal. Para los socialdemócratas, la constitución de Weimar no iba más allá de una serie de posibilidades entre las cuales éstos eran incapaces de decidirse, precisamente porque la conciencia de las alternativas los volvía incapaces para decidirse por una de ellas, o sea, por el socialismo.[38]

La segunda alternativa era el movimiento bolchevique. Lenin puso fin a la "idea del poder judicial como tercera fuerza independiente, un árbitro que está por encima de los contendientes... El punto de vista de Lenin, en cambio, restauró la imagen de un carácter sustancial del derecho que en Europa, con el advenimiento del liberalismo, había desaparecido progresivamente y se había desvanecido totalmente en el mecanismo legal de la democracia formal. Allí donde exista un Estado, ya sea intrínsecamente democrático o bien dictatorial, los juicios legales se emiten en nombre de conceptos y valores bien definidos".[39]

La Unión Soviética surge en el estudio de Kirchheimer como un Estado en los términos de Schmitt; su examen de la política exterior soviética utiliza el análisis de Schmitt respecto del carácter intrínsecamente liberal de la Sociedad de las Naciones. La aparición de la URSS en la escena internacional fue como la llegada de un león a un rebaño de ovejas. Actuaba políticamente sin reconocer la neutralidad liberal; concebía la estructura de la paz de 1918 como una tregua entre intereses materiales internacionales. Ya que la Sociedad de las Naciones reflejaba la neutralidad liberal, sus dilemas eran los mismos que los del Estado liberal. En ausencia de la homogeneidad de intereses, necesaria para tomar una decisión, la URSS estaba obligada a rechazar tanto el principio de la mayoría en la práctica internacional como cada corte internacionalmente reconocida que hubiera tenido la pretensión de tomar decisiones vinculantes.[40]

La observación de Luthardt según la cual Kirchheimer había desarrollado la tesis del bonapartismo de Marx para explicar el gobierno de Bruning

---

[38] O. Kirchheimer, *Verfassungswirklichkeit und politische Zukunft der Arbeiterklasse, en Von der Weimarer Republik, op. cit.*
[39] O. Kirchheimer, *Zur Staatslehre des Sozialismus und Bolschewismus, op. cit.*, pág. 47; *Politics. Law and Social Change, op. cit.*, pág. 13.
[40] Ibid., Kirchheimer se refiere directamente al trabajo de Schmitt, *Der Kernfrage des Völkerbundes*, Dümmler Verlag, Berlín, 1926.

es correcta solamente en parte.[41] Schmitt había introducido la tesis de Marx en su interpretación del liberalismo. Kirchheimer filtró la tesis de Marx a través de la teoría del Estado de Schmitt; su análisis de los hechos políticos en Alemania compartía el escepticismo de Schmitt respecto del Estado constitucional burgués. La regla de la mayoría era "la dictadura de la burguesía"; la búsqueda de la mayoría, simplemente un juego de azar jugado por el 51% de los votos de una elección. La igualdad ante la ley, el primer principio del Estado constitucional, era una apariencia y un instrumento de reacción. Únicamente con la democracia formal, la crisis durante la administración de Bruning sólo podía empeorar. La vía de escape, dijo Kirchheimer, era la decisión hacía una política socialista. Tal decisión no podía ser tomada por un tercer partido neutral, sino que sería el resultado de la política en el sentido en el cual la concebía Schmitt.[42] Sólo después de que Schmitt defendió la toma del gobierno prusiano por parte de Papen el 20 de julio de 1932, que reemplazó el gabinete socialdemócrata (SDP) por una comisión ejecutiva que actuaba en nombre del Reich, Kirchheimer criticó a su maestro. Hasta julio de 1932, ambos interpretaron la creciente crisis alemana como legalidad contra legitimidad en el Estado.[43] Cada uno ofreció, sin embargo, una interpretación política diferente del denominado Preussenschlag. Para Kirchheimer, el gobierno de Papen y los meses de la administración de emergencia habían destruido la legitimidad de la constitución mediante la destrucción de la legalidad del gobierno; recurrir a la autoridad presidencial ya no era válido. Schmitt veía la persistencia de los (desaparecidos) métodos parlamentarios, incluidas la regla de la mayoría y "la igualdad de posibilidades" para todos los competidores políticos, como el principal peligro para el legítimo orden constitucional de Weimar.

El análisis de Söllner sobre Kirchheimer trata de demostrar que una supuesta contradicción entre democracia y Estado constitucional revela una diferencia fundamental entre Schmitt y Kirchheimer. Mientras

---

[41] W. Luthardt, *Bemerkungen zu Otto Kirchheimer Arbeiten bis 1933*, en *Von der Weimarer Republik, op. cit.*, págs. 7-31; cf. en particular pág. 24.

[42] O. Kirchheimer, *Bemerkungen zu Carl Schmitts* "Legalität und Legitimität", en *Archiv für Sozialwissenschaft und Sozialpolitik*, N° 68, 1932-1933, págs. 457-487.

[43] O. Kirchheimer, *Legalität und Legitimität*, en *Die*, en *Gesellaschaft*, N° 9, 1932, págs. 8-26; C. Schmitts, *Legalität und Legitimität, op. cit.*

Schmitt vio en la dictadura presidencial de 1932 la confirmación de su "argumento político fundamental", Kirchheimer entendió las relaciones políticas y sociales como instrumentos de una eventual transformación. Las diferencias entre ellas eran "las concepciones diferentes sobre la democracia que inspiraban sus respectos análisis de la constitución". Pero el énfasis puesto sobre las sustancialmente diferentes preferencias políticas de Schmitt y de Kirchheimer confunde la tesis de Söllner y lo lleva a subestimar la importancia de la unidad metodológica de sus trabajos.

La noción central de la crítica de Schmitt en relación con la Constitución de Weimar es, dice Söllner, "que la democracia no se agota en los procedimientos del Estado constitucional burgués, sino que debe ser la expresión de una voluntad popular homogénea".[44]

Kirchheimer se diferenció por cierto de Schmitt desde el otoño del 1932 en adelante, en lo que respecta a la concepción de la democracia. Pero cuando Kirchheimer se distanció de Schmitt en este punto, se distanció en realidad de sus propias posiciones anteriores. Abandonó sus principales objeciones hacia la democracia parlamentaria bajo el impacto del autoritarismo de Papen. En oposición a su énfasis anterior sobre la "homogeneidad social", Kirchheimer tomó, entonces, la posición de que la democracia parlamentaria ("democracia moderna") "es, después de todo, la única forma de gobierno que hace posible, desde el punto de vista constitucional, la cooperación o la alternancia de grupos diferentes en un momento de creciente heterogeneidad social y nacional. Gracias a su sistema de sufragio universal, igualitario y secreto, y a su garantía de libertad política, ésta solamente permite que los cambios de la estructura social sean reflejados a nivel político".[45]

Liberalismo y fascismo: Marcuse y Horkheimer

El eco de la teoría política de Schmitt dentro de la Escuela de Frankfurt antes de 1933 no se limitó a Neumann y Kirchheimer. En la *Zeitschrift für*

---

[44] A. Söllner, *Leftist Students of the Conservative Revolution, op. cit.*

[45] O. Kirchheimer, *Verfassungsreaktion, 1932*, en *Von der Weimarer Republik, op. cit.*, pág. 419.

Sozialforschung (1932), Karl Korsh criticó con tono entusiasta Der Huter der Verfassung, enfatizado precisamente el tema "de izquierda" del trabajo.

Korsh comentó el "impresionante análisis" de la situación constitucional realizado por Schmitt, y la exactitud de su descripción de las tendencias presentes en la política y en la sociedad alemanas, tendencias que habían conducido a la decadencia de las instituciones parlamentarias y del Estado liberal. Además estuvo de acuerdo con la descripción de Schmitt del Parlamento como "escenario del sistema pluralista": "La fuerza de la teoría (de Schmitt)... se halla en su análisis crítico de la concepción liberal-burguesa del Estado, la cual prevaleció hasta nuestros días, que cree que es posible la superposición, sobre el pluralismo existente de intereses económicos y sociales, de un Estado neutral que no intervenga en las cuestiones económicas y sociales. Schmitt describe de manera convincente el desarrollo dialéctico a través del cual este Estado liberal, junto a su parlamento, se transformó de ser el escenario de una deliberación libre y unificadora de libres representantes populares, de ser el transformador de intereses de partes en una única voluntad colectiva, en el escenario de la división pluralista de poderes sociales organizados, en una especie de "bolsa de valores" en la cual estén contratadas las varias acciones de los poderes sociales".[46]

Sin embargo, Korsh criticó a Schmitt por no haber tomado en consideración las clases y el conflicto de clases (en el sentido marxista). Considerando el destino que tuvo el trabajo de Schmitt después de 1933, es aún más significativo que Korsh encontrara en el análisis del fascismo de Schmitt exactamente la misma actitud acrítica tan característica de la burguesía liberal respecto de su Estado constitucional. En el mismo número de la *Zeitschrift*, en el cual aparece el artículo de Korsh, Hans Speier criticó favorablemente el *Begriff des Politischen* de Schmitt. "Si bien Schmitt no analiza las posibilidades ofrecidas por el pensamiento sociológico" —escribió— "su polémica contra el liberalismo —el cual, impotente con respecto a la consideración de la totalidad, anuló económica y éticamente los conceptos políticos, es decir, la lucha en la compe-

---

[46] K. Korsch, Carl Schmitt, *Der Hüter der Verfassung*, en *Zeitschrift für Sozialforschung*, N° 1, 1932, págs. 204-205.

tencia y en la discusión— pertenece a la mejor herencia sociológica: Saint Simon, Comte, Marx, entre otros, analizaron precisamente aquellas fuerzas concretas que el grupo amigo-enemigo produce".[47] Después de 1933, esta actitud positiva con respecto a Schmitt cambió. El artículo de Marcuse *Der Kampf gegen den Liberalismus in der totalitären Staatsauffassung* era una declaración programática contra el antiliberalismo de Schmitt.[48] Hitler ya era Canciller y el Tercer Reich, una realidad constitucional. El Instituto se cerró, y Marcuse y otros miembros estuvieron obligados a marchar al exilio. Las posibilidades de una crítica radical de izquierda en Alemania eran nulas.

El fascismo rápidamente se convirtió en el núcleo central de la búsqueda realizada por la Institución, y para Kirchheimer, Neumann, Marcuse y Horkheimer, el aspecto más fascinante de la caída de Alemania en la dictadura era la relación entre fascismo y liberalismo. Desde sus puntos de vista, el punto crucial del problema continuó siendo el fácil ascenso de las fuerzas antidemocráticas, favorecido por las fuerzas y por las instituciones liberales, sobre todo a través del Estado constitucional. Pero su nuevo análisis desarrolló la oposición entre liberalismo y dictadura, haciendo surgir el fascismo como una síntesis entre liberalismo y dictadura. El artículo de Marcuse tendía a revelar esta relación. De esta manera, aplicó a la dictadura fascista la misma crítica al liberalismo que Schmitt y Kirchheimer habían desarrollado en relación con la República de Weimar. Éste no sólo sostuvo que las contradicciones internas habían forzado al totalitarismo a declarar la existencia de un "estado de cosas existencial", carente de justificación racional;[49] identificó también las fuentes de su tesis en la categoría amigo-enemigo de Schmitt y en su afirmación, incluida en el *Begriff des Politischen* respecto de que la guerra es la *estrema ratio* de la política. Marcuse leyó a Schmitt de esta manera: "Relaciones y condiciones fundamentalmente políticas son definidas aquí como existenciales y, dentro de la dimensión política, está la relación con el enemigo, o bien guerra, que

---

[47] H. Speier, Carl Schmitt, *Der Begriff des Politischen*, en *Zeitschrift für Sozialforschung*, N° 1, 1932, págs. 203-204.

[48] H. Marcuse, *The Struggle against Liberalism in the Totalitarian View of the State*, en Negations: Essays in Critical Theory, Beacon Press, Boston, 1968; cf. también J. Habermas, *Die Frankfurter Schule in New York*, en *Philosophisch-politische Profile*, Suhrkamp Verlag, Frankfurt a. M., 1984.

[49] P. Lay, *The Dialectical Imagination, op. cit.*, págs. 121-122.

cuenta verdaderamente como relación simple y absolutamente existencial ('la asociación del pueblo con sí mismo' fue agregada como una segunda relación, igualmente existencial)". Los regímenes totalitarios ponían en práctica las ideas de Schmitt.

A la luz de la influencia de Schmitt sobre Kirchheimer (y también sobre Benjamin), el análisis de Marcuse era paradójico. Precisamente esos aspectos del trabajo de Schmitt que ya habían penetrado en la Escuela de Frankfurt —el análisis político del derecho y del Estado constitucional burgués, la crítica a los elementos "positivistas" de la democracia liberal, la vinculación entre democracia directa y homogeneidad social, y sobre todo, la crítica al parlamentarismo— ahora se definían como "la mejor descripción del liberalismo desde el punto de vista de la teoría del Estado totalitario". En efecto, el artículo de Marcuse le quitó a Schmitt su posición de fuente positiva en la Escuela de Frankfurt durante los años 1930 y 1940. La colaboración de Schmitt con los nazis consolidó el efecto de la tesis de Marcuse. Desde 1933 en adelante, el trabajo de Schmitt estuvo oculto por una verdadera y propia censura para los intelectuales alemanes de izquierda. Pero la paradoja original permaneció y fue dejada de lado por el desarrollo, en este período, de una crítica del liberalismo por parte de la Escuela de Frankfurt. En 1934, Marcuse había afirmado que "la intima relación entre la teoría social del liberalismo y la teoría (aparentemente tan antiliberal) totalitaria del Estado" se halla expresada "en un racionalismo liberal que termina en el irracionalismo".[50] Horkheimer partió desde el análisis de los temas presentes en la crítica del liberalismo durante Weimar y los amplió en una nueva visión del racionalismo y del irracionalismo en la sociedad burguesa; de esta manera, descubrió los orígenes comunes del liberalismo y el totalitarismo.

Schmitt y Kirchheimer afirmaron que la neutralización liberal y la democracia formal no habían eliminado el conflicto político, sino que al final lo habían identificado. Horkheimer extendió esta crítica al liberalismo en una serie de aforismos que había escrito durante la República de Weimar y que había publicado con un seudónimo durante el Tercer Reich: "El verdadero burgués tiene la capacidad de observar objetivamen-

---

[50] H. Marcuse, *The Struggle against Liberalism, op. cit.*

te todas las cosas, y en la Alemania de la posguerra, tal actitud se extiende hasta comprender también la revolución. Una vez que comienza a reflexionar objetivamente sobre ésta o, más aún, sobre su preparación política, ésta aparece como cualquier otra actividad en el contexto de la realidad social, y es juzgada en consecuencia".[51] En una reflexión sobre la razón y sobre la autoconservación publicada en forma privada en 1942 en un libro dedicado a la memoria de Benjamin, Horkheimer desarrolló su crítica al liberalismo en el sentido de una crítica de sus fundamentos lingüísticos. No sólo rechazó el pluralismo de las democracias liberales por considerarlo ideológico, sino que comenzó a preparar aquella crítica al racionalismo en la sociedad tecnológica que luego se transformó en uno de los elementos más importantes del pensamiento radical en los tardíos años sesenta. Además, explicó finalmente la preocupación de la Escuela de Frankfurt después de 1933 a través de la vinculación entre liberalismo y totalitarismo. La transformación de la sociedad burguesa en una dictadura abierta había ocurrido por "razones tecnológicas"; "en la transformación del dominio burgués, la burguesía continúa, aunque el nuevo orden represente un salto en la dominación directa".[52]

¿Hacia un nuevo liberalismo y una nueva democracia?: Habermas

Aquello que la crítica de Marcuse había comenzado, con la colaboración de Schmitt durante el Tercer Reich llegó a su fin. Se necesitó una nueva generación de la escuela de Frankfurt, Jürgen Habermas, para encontrar nuevamente en la teoría política de Schmitt una fuente de conceptos para el análisis del Estado en la sociedad industrial. Habermas es más crítico que sus predecesores, pero el uso que hizo de Schmitt es también más paradójico. Schmitt y Kirchheimer consideraban que el pensamiento liberal estaba irremediablemente desactualizado; Habermas, en cambio, lo tomó en serio. En realidad, él trató de lograr que los principios liberales fueran los fundamentos de una moral crítica y de una filo-

---

[51] M. Horkheimer, *Dämmerung*, aparecido originariamente en 1934 con el seudónimo Heinrich Regius.
[52] M. Horkheimer, *Vernunft und Selbsterhaltung*, en *Walter Benjamin zum Gedächtnis*, edición privada (1942), pág. 34.

sofía política. El problema no radica en saber si Habermas y Schmitt tienen una visión análoga del bien político (obviamente, no), sino que se encuentra en el razonamiento formal, que es común a ambos.

Los primeros escritos de Habermas (*Student und Politik*, 1961; *Strukturwandel der Öffentlichkeit*, 1962) se valen de la crítica schmittiana del pensamiento y de las instituciones liberales: definición de la democracia como identidad sustantiva; crítica de la democracia liberal y de sus instituciones (partidos, administración estatal, opinión pública) como esencialmente no democráticas; énfasis sobre la legitimidad del plebiscito en oposición a la legalidad; y, finalmente, la construcción de una tensión entre los principios y la realidad en la constitución liberal. Además, estos elementos críticos se usaban de una manera característica —se decía que un modelo ideal— típico de instituciones liberales desactualizadas, generaban los principios según los cuales medir la realidad presente. Dado que muchas de estas tesis provienen de los alumnos de Schmitt en el período posterior al 1945, como lo demuestra la atención en relación con los primeros textos de Habermas, éstas se hallan más ocultas respecto de la aceptación de Schmitt por parte de la primera generación de la Escuela de Frankfurt. En los escritos posteriores de Habermas, cada referencia explícita a Schmitt y a su escuela desaparece completamente.

Si se buscara el nombre de Schmitt en los trabajos de Habermas disponibles en el idioma inglés, se encontrarían solamente referencias negativas que enfatizan la diferencia entre un acuerdo racional y discursivo sobre la moral universal y sobre los principios políticos y el autoritarismo de Schmitt, junto al énfasis irracional puesto sobre la capacidad de decisión y sobre la autoridad en política. Mientras Schmitt se leyó a través de una simple reducción de los cuestionamientos de justicia y ética a la pregunta "¿Quién decide?", la búsqueda de Habermas de principios morales universales en una "situación discursiva ideal" aparece como completamente incompatible con las teorías de Schmitt. Y ésta es la visión a través de la cual pueden ser relacionados entre ellos los últimos trabajos de Habermas. La caracterización depende de la negación de los orígenes metafísicos y de las intenciones de la teoría política de Schmitt. Pero el descubrimiento de una verdad trascendental es común a ambos, y ambos mantuvieron la verdad como criterio de la vida política. De esta premisa idealista deriva el concepto de que la noción de política como búsqueda pragmática de consenso y como sentido de la necesidad del compromiso en democracia parecerá una idea corrupta.

El análisis de la democracia liberal de Habermas, así como el de Kirchheimer se inicia a partir de la diferenciación lograda por Schmitt entre democracia real y democracia formal. Los puntos de referencia para su análisis de la participación democrática como medio para obtener un objetivo sustancial de autorealización, más que "un valor en sí misma" o "un fetiche político", son Weimar y Bonn. Él reconoce, como todos los participantes del debate anterior, que la democracia es un proceso histórico más que una cuestión teórica. El punto decisivo, tanto para él como para sus predecesores en el debate respecto de Weimar, es: ¿Qué es lo que constituye la "democracia"? Esto puede ser resumido, sin demasiada injusticia hacia aquellos que contribuyeron con este punto, como un debate entre concepciones sustancialistas contra concepciones positivistas. Los sustancialistas de Weimar, incluido Schmitt, sostuvieron que el empirismo se equivocaba al equiparar la democracia con los "procedimientos democráticos", y enfatizaron ante todo la libertad y la igualdad como aspectos reales y necesarios de la democracia. Los positivistas —y Habermas, identificado con justicia por Richard Thoma como un representante de esta posición— privilegiaron los aspectos formales e institucionales de las constituciones democráticas. Para Thoma, los Estados con sufragio universal y formal, en los cuales las disposiciones institucionales son conformes al modelo de las constituciones democráticas occidentales son, por definición, democráticos. Él rechazó como poco práctica la teoría de Rousseau de la democracia entendida como "comunidad de ciudadanos maduros que se autogobiernan".[53] En los Estados modernos, la prensa y la opinión pública son agentes indispensables en la formación de la voluntad democrática. En cuanto proceso político, la democracia no tiene nada que ver con los principios ideológicos (por ejemplo, la concepción de Rousseau), no obstante su definición como autogobierno en el sentido sustancialista. Schmitt criticó la debilidad de la teoría de Thoma, no pudiendo esta última ni comprender la estructura de la democracia como

---

[53] Habermas hace relación a Thoma en la introducción a *Student und Politik, op. cit.,* pág. 9. Cf. R. Thoma, *Der Begriff der modernen Demokratie in seinem Verhältnis zum Staatsbegriff,* en M. Palyi (compilado por), *Hauptprobleme der Soziologie: Erinnerungsgabe für Max Weber,* Duncker & Humblot, München-Leipzig, 1923, pág. 46.

idea, ni explicar las consecuencias sociológicas de los modernos sistemas democráticos.[54] Esto era posible, afirmó Schmitt, sólo usando como principio analítico y normativo la afirmación de Rousseau según la cual la democracia es la identidad entre gobernantes y gobernados.

Habermas comparte esta objeción respecto de las modernas definiciones de democracia. En relación con el debate de Weimar entre sustancialistas y positivistas, él optó por los primeros. En contra de la interpretación de Thoma, él afirmó junto a Schmitt que la democracia requiere de la identidad entre gobernantes y gobernados.[55] Esta concepción de la democracia no es, obviamente, una invención de Schmitt; pero él desarrolló la importancia metodológica de ésta. Mientras el liberalismo "clásico" se caracterizaba por un elemento genuinamente democrático, como forma constitucional estaba sociológicamente limitado a un período de dominio burgués.

En la época del sufragio universal, las instituciones basadas en una específica homogeneidad histórica de intereses están obligadas a caer en una serie de contradicciones cada vez más intensas, la más importante de las cuales es la de legitimidad democrática e instituciones representativas en la constitución liberal. Los primeros trabajos de Habermas se valieron de este análisis para criticar la democracia "formal".

En su *Student und Politik*, Habermas toma el análisis del desarrollo del Estado liberal en agente de bienestar colectivo (la satisfacción de las necesidades inmediatas) elaborado por Ernst Forsthoff. Y allí engloba la tesis de Schmitt según la cual los cambios estructurales implican un decaimiento de los principios de la organización política que Montesquieu había identificado como aspectos esenciales del Estado constitucional: 1) la generalidad de las normas; 2) los derechos individuales; 3) la división de los poderes para proteger a ambos. Forsthoff afirmó que las funciones económicas y sociales del Estado social interferían con el argumento fundamental de Montesquieu (y del liberalismo), según el cual el Estado y la sociedad son esferas independientes. En un comenta-

---

[54] C. Schmitt, *Der Begriff der modernen Demokratie in seinem Verhältnis zum staatsbegriff,* en *Archiv für Sozialwissenschaft und Sozialpolitik,* N° 51, 1924, págs. 817-823.
[55] J. Habermas, *Student und Politik, op. cit.,* pág. 31.

rio directo de la tesis de Forsthoff, que acepta de éste la definición del dilema contemporáneo del liberalismo, Habermas está de acuerdo con el hecho de que, desde el momento en que el Estado interviene en la sociedad "haciéndose cargo, administrando, distribuyendo", el primer principio del Estado constitucional ya no puede mantenerse.[56] Las leyes dirigidas hacia grupos sociales concretos (típicos de la legislación social) no pueden ser generales; e incluso cuando éstas son concebidas explícitamente como "disposiciones legislativas", estas intervenciones determinan la caída de las líneas de demarcación entre "leyes" y "disposiciones legislativas" establecidas por la teoría del Estado constitucional. A medida que Estado y sociedad se van vinculando de este modo, la obligación respecto del dominio de la ley se debilita. Los derechos individuales, concebidos negativamente en la teoría liberal como límites para la autoridad política, se transforman en requerimientos positivos respecto del Estado. El desarrollo desgasta las garantías de los derechos individuales dentro del Estado constitucional; Montesquieu había supuesto que éste seguiría la división de los poderes ejecutivo, legislativo y judicial.

Habermas afirma que este cambio revela la contradicción que siempre existió entre democracia y Estado liberal. Mientras el Estado constitucional burgués proclama la idea de democracia y llega a institucionalizarla dentro de ciertos límites, la democracia liberal es en realidad "una democracia de minorías basada en la jerarquía social".[57] Sólo funcionando como autodeterminación de la humanidad la democracia es verdadera democracia; como producto o como medio técnico para un sistema de gobierno, la participación no es genuinamente democrática. Si la democracia y el gobierno democrático son tomados seriamente, el concepto empírico-pragmático se revela como un concepto vacío. Concebir la democracia como un conjunto de reglas e instituciones, más que como valor sustancial, significa simplemente repetir el defecto particular de la conciencia histórica del liberalismo.

El "schmittianismo" de Habermas aquí es transparente. Con el Estado oprimido por crecientes iniciativas sociales y mayores responsabilida-

---

[56] J. Habermas, *Student und Politik*, *op. cit.*, pág. 35.
[57] J. Habermas, *Student und Politik*, *op. cit.*, pág. 35.

des, el Parlamento deja de ser el órgano representativo concebido por la teoría liberal y, en cambio, se transforma en un instrumento del nuevo sistema constitucional. El pueblo y el Parlamento han perdido su objetivo.[58] Los agentes de la nueva realidad constitucional son los partidos políticos y los grupos de interés organizados. Éstos actúan a través de una nueva organización manipuladora de la opinión pública para llevar adelante los propios intereses privados en perjuicio, o directamente sirviéndose de los objetivos declarados públicamente. A pesar del principio constitucional de su división, los partidos obtienen una "verdadera unificación de poderes", y esta unión de potentes intereses se mantiene oculta en el debate de la discusión pública en el Parlamento.[59] Habermas considera que una combinación tal, aunque sea legal, se impone como una contradicción tan potente para los principios liberales y para la sustancia democrática, que éstos se transforman en principios ilegítimos. La política parlamentaria trata de neutralizar la contradicción entre teoría democrática y realidad liberal, pero (siguiendo la tesis de Schmitt en la *Verfassungslehre*) él llega a la conclusión con Werner Weber de que, en las actuales circunstancias políticas, los partidos formalizan las contradicciones sociales.[60] Finalmente, esta formalización conduce a la desaparición de la genuina oposición política y a la "despolitización". No obstante el desarrollo de los partidos políticos de masas, la actual vida parlamentaria enfatiza "el carácter similar al juego del debate parlamentario". Los cambios estructurales de la democracia política, como el sufragio universal y los modernos partidos políticos, trabajan con el objetivo de llevar el ideal democrático aún más lejos que la realidad del Estado liberal: "Todo esto parece concretar los principios políticos del Estado constitucional liberal en una realidad de masas y, sobre la base de una competencia de organizaciones, garantizar el funcionamiento de la democracia parlamentaria en su estilo actual; parece que los tumultos sociales de la constitución burguesa han quedado atrás mediante el conflicto de clases como un fenómeno transitorio ya históricamente superado. Todo esto contribuye a aportar una apariencia objetiva que aún esconde la vieja contradicción que existió hasta las primeras fases del liberalismo, la de la idea constitucionalmente insti-

---

[58] J. Habermas, *Student und Politik, op. cit.,* pág. 18.
[59] J. Habermas, *Student und Politik, op. cit.,* pág. 39.
[60] J. Habermas, *Student und Politik, op. cit.,* pág. 26 y sigs.

tucionalizada de la democracia, por un lado, y por el otro (la democracia), tal como es verdaderamente ejercitada".[61]

Habermas está de acuerdo con Schmitt en cuanto a su descripción del Parlamento como un lugar para la mera ratificación de las decisiones ya tomadas. En las condiciones de la moderna democracia, el pueblo y el Parlamento han transferido sus funciones a una burocracia que es "opaca", "autoritaria y abstracta".[62] La opinión pública debería actuar en un sistema liberal como un control sobre el poder del gobierno y sobre los intereses privados, pero también ésta renunció a su objetivo originario. Este cambio es discutido brevemente por Habermas en *Student und Politik*, donde se vale del análisis de Rudiger Altmann para demostrar que la esfera pública (Öffentlichkeit) ya no "existe"; ésta está creada.[63] Éste es justamente el tema de *Strukturwandel der Öffentlichkeit* (1962), que analiza las implicancias de los cambios en las estructuras sociales y en la conciencia política sugeridas por el ensayo sobre el parlamentarismo de Schmitt. Así como en el texto de Schmitt, estos cambios son tratados en los términos de su desviación de la clásica "estructura y función de la publicidad burguesa".[64] El problema principal de la cultura liberal en la era de la democracia de masas es la creciente esfera y la decreciente autonomía de la publicidad: "el Parlamento, deliberante como medio pero también como parte del público, debería preservarla como tal; durante un período lo hizo seriamente, hoy esto ya no ocurre".[65] Tanto para Schmitt como para Habermas, el modelo clásico de publicidad nació de la noción del siglo XVI a partir de un público "iluminado"; su formulación acabada puede encontrarse en la *Histoire des origines du gouvernement représentatif* de Guizot. "El gobierno de la opinión pública" (Habermas) o "los principios del parlamentarismo" (Schmitt) eran, según Guizot, discusión pública, publicidad y prensa libre. Estos elementos habrían asegurado que las leyes aprobadas habrían estado de acuerdo con la verdad y con el bien común; éstas, por sí mismas, habrían legitimado el poder del Parlamento.

---

[61] J. Habermas, *Student und Politik, op. cit.*, pág. 33.
[62] Ibid., págs. 28 y 51.
[63] Ibid., pág. 31.
[64] J. Habermas, *Strukturwandel der Öffentlichkeit: Untersuchung zu einer Kategorie der bürgerlichen Gesellschaft, Luchterhand Verlag,* Darmstadt and Neuwied, 1962, pág. 3.
[65] Ibid., págs. 244 y 245.

Para Habermas, todas han funcionado hasta un momento dado del siglo xix. Pero con la aparición del "liberalismo", la publicidad burguesa como creadora de la verdad le cedió el lugar al "common-sense meliorismus".[66] Esta decadencia fue acompañada por cambios económicos que el Estado constitucional permitió y estabilizó. *Student und Politik* considera el parlamento como una de las contradicciones del Estado liberal; *Strukturwandel der Öffentlichkei* describe cómo los cambios socioeconómicos actuaron contra la vieja publicidad: la cultura y la discusión han sido comercializadas, y la prensa libre se transformó en una inversión de capitales. Con el sufragio universal, estos cambios produjeron un público de masas de "consumidores culturales" que distorsionaron las razones culturales de un público que lee. En conclusión, los principios del gobierno representativo fueron privados de su contenido: la publicidad se convirtió en *management* público; la prensa, en parte de un único sistema manipulador; el público mismo, en "consumidores pasivos".[67]

Si la deuda de Habermas en relación con Schmitt y con sus alumnos es explícita en los primeros trabajos, como en *Student und Politik* y en *Strukturwandel der Öffentlichkei* es, en cambio, implícita en *Die legitimationsprobleme im Spätkapitalismus* (1973) y en sus recientes ensayos sobre la política en Alemania Occidental. Las tesis de Schmitt aportan elementos teóricos al análisis de Habermas del Estado en el capitalismo tardío. El problema de la legitimación surge a partir del dilema de la democracia de masas presentado en los primeros escritos: un cambio estructural de la esfera pública, el tema clave de la teoría democrática en el sistema de Habermas, impide entonces la participación pública en el sistema político; transformó a ciudadano de sujeto a objeto de la opinión pública; el supuesto soberano, el pueblo es, en realidad, impotente.[68] La crisis de legitimación nace de una contradicción entre los principios constitucionales y la realidad política, de la desintegración de las bases tradicionales de legitimación en el momento en el cual surgen nuevos requerimientos de legitimación. En el Estado liberal, la causa fundamental de la crisis de legitimación es metapolítica.

---

[66] Ibid., pág. 160.
[67] Ibid., págs. 202, 220, sigs. y 233.
[68] Ibid., págs. 276 y 358, N° 129.

Habermas comienza y termina su libro sobre los problemas de legitimación del capitalismo tardío con una pregunta sobre los "sistemas interpretativos de sostén del mundo", basados en el Dios judeo-cristiano. Si éstos pertenecen "irremediablemente al pasado", pregunta, "¿qué es lo que satisface la actividad moral-práctica de la construcción del ego y la identidad de grupo?".[69] Así como para Schmitt, la pregunta se relaciona con el problema filosófico fundamental del postiluminismo y con la base intelectual irrenunciable del sistema de autoridad política en el Estado. Si el Estado y el poder público dejan de estar comprendidos como parte de un orden significativo, como aparentemente está sucediendo en el período moderno, entonces los requerimientos y los órdenes del Estado deben aferrarse a una base cada vez más frágil de respeto y de consenso. Habermas afirma que la crisis moderna de legitimación es "un déficit de motivaciones", o bien una fractura entre lo que el Estado (y el sistema económico y educativo) requiere y lo que el sistema sociocultural puede ofrecer.[70] Así como Schmitt, él duda acerca de que los principios intelectuales de este sistema sean aún fuentes de motivación. No hay nada excepcional en la noción según la cual los Estados democráticos necesitan de credibilidad ante los ojos de los ciudadanos para mantener las propias pretensiones de legitimación. No hay nada nuevo en la percepción según la cual la decadencia de las justificaciones de la autoridad del Estado, de tipo religioso y metafísico, planteen un problema político. Pero Habermas, así como Schmitt, proyecta el criterio de legitimación desde el modelo "clásico" hasta el ejercicio de la política contemporánea. Los viejos principios intelectuales e históricos de la legitimación desaparecieron como factores reales en la sociedad pluralista; la ideología burguesa de legitimación a través de la obligación de los ciudadanos se transformó en una mera fachada.[71]

En los primeros tiempos de la república de Weimar, la crítica de Schmitt al parlamentarismo había dividido las instituciones y los procedimientos desde la sustancia, mientras su análisis de la constitución de Weimar había separado, del mismo modo, sus aspectos formales de los

---

[69] J. Habermas, *Legitimation Crisis*, Heinemann, Londres, 1976, *op. cit.*, pág. 120.
[70] Ibid. Cf. C. Schmitt, *Political Theology y Das Zeitalter der Neutralisierungen und Entpolitischen, en Der Begriff des Politischen* (1963), *op. cit.*, págs. 79-95.
[71] J. Habermas, *Legitimation Crisis*, *op. cit.*, págs. 79 y 89 y sigs.

sustanciales (legalidad y legitimación no eran principios idénticos, sino diferentes e incluso contradictorios). En el contexto de la parálisis parlamentaria, después de septiembre de 1930, él desarrolló una teoría de la soberanía al margen de la ideología liberal del parlamentarismo, y ubicó la "soberanía democrática" de Weimar en la oficina del *Reichspräsident* elegido por el pueblo. En contraste con esta interpretación constitucional, Habermas ofrece un análisis filosófico mixto en alusión a los problemas concretos de los Estados liberal-democráticos. Pero él también desarrolla un concepto de soberanía independiente de las instituciones liberales y legales, y analiza el dilema del Estado liberal como un producto del pluralismo y de la poliarquía, en los cuales poderosos intereses de la esfera privada se confrontan con la esfera pública. Si bien esté concebida en términos sustancialmente diferentes, Habermas también desarrolla la hipótesis de que la voluntad general (o interés público) está anulada por el poder privado. Para Schmitt, este dilema puede ser caracterizado como un Estado débil en contra de poderosos intereses privados; en el trabajo de Habermas, es el dilema del ciudadano débil en contra de poderosos intereses privados que se entrometen en la esfera de la autoridad pública.

Estas distinciones siguen las diferentes concepciones del bien público y de los valores políticos. Pero en algunos de sus trabajos más recientes, Habermas justifica una concepción plebiscitaria de democracia en relación con el conflicto entre legalidad y legitimación. En un artículo sobre la desobediencia civil como test para el Estado constitucional democrático, él trata de recuperar de la "pálida, insignificante imagen" la visión de la "soberanía hipotética" como la participación activa en la esfera pública. Éstas son acciones, afirma Habermas, "ilegales en la forma, aunque se cumplan recurriendo a la base reconocida de la legitimación en nuestro orden constitucional democrático"[72], por ejemplo, en Alemania Occidental. Schmitt solamente es nombrado como una de las fuentes de ese "legalismo autoritario" que Habermas rechaza. Pero la estructura de su teoría —sus conceptos para el análisis de la soberanía— repite la de Schmitt. Advirtiendo contra el "nonsense" que acompañó los conceptos de "legalidad" y "legitimación", la discusión de Habermas so-

---

[72] J. Habermas, *Die Neue Unübersichtlichkeit*, Suhrkamp Verlag, Frankfurt a. M., 1958, pág. 79.

bre la desobediencia civil insiste aún en que éstos son los términos del debate. Pero intitulando la sección que sigue "La custodia de la legitimación", él asocia (aunque no abiertamente) su tesis con el debate sobre Weimar en general, y sobre la "custodia de la constitución" de Schmitt en particular.[73] Las definiciones de Schmitt se aplican en los términos de la democracia plebiscitaria; pero Habermas evita una especificación institucional del "soberano". El tema principal de la desobediencia civil se concentra sobre aquellos casos en los cuales los actos ilegales se justifican desde un punto de vista moral. Desde la perspectiva de Habermas, el contexto de éstos no es el caso extremo de injusticia sistemática sino el caso "normal" del Estado constitucional burgués, "si la constitución representativa fracasa". La piedra miliar para la soberanía de Schmitt —la "excepción"— es la misma que para Habermas; así como para Schmitt, la excepción revela el carácter del orden normal. En la excepción, la soberanía accedió a un orden que se encuentra más allá de lo puramente legal, a la sustancia de la legitimación. Habermas pone la decisión sobre la excepción en la democracia liberal explícitamente en las manos del "soberano nacional", mientras que Schmitt individualiza el ejercicio de la soberanía en una institución que actúa para el soberano democrático (y de este modo introduce nuevamente un elemento de la democracia indirecta o representativa en el sistema político), o deja al soberano no especificado. Habermas escribe: "El Estado constitucional democrático no se concreta en su orden legal. Para el caso excepcional (Ausnahmefall) en el cual la constitución representativa fracasa, éste pone su legalidad a disposición de aquéllos que pueden proteger su legitimidad. En tal caso no puede, lógicamente, volverse dependiente de las determinaciones de los órganos constitucionales (...). El Estado democrático es ciertamente neutral respecto de las creencias de sus ciudadanos protegidos por los derechos fundamentales; pero no es, en ningún sentido, neutral respecto de aquellas bases morales reconocidas intersubjetivamente de obligación legal y de legalidad. La conciencia de los ciudadanos se extiende también a aquellas cosas que respectan a todos. Por esta razón, no puede darse ningún caso que suspenda la disputa sobre la conformidad o la concretización de los principios constitucionales de legitimación. Esto vale aún

---

[73] J. Habermas, *Ziviler Ungehorsam*, en *Die Neue Unübersichtlichkeit, op. cit.,* pág. 86.

más en los casos en los cuales el Estado debe intervenir más profundamente en los principios vitales de la sociedad".[74]

Conclusiones

En todas las críticas a las ideas de Schmitt discutidas en este escrito,
existe una divergencia entre los objetivos y los valores políticos expues-
tos y las teorías formales presentadas para su justificación. En ninguna,
sin embargo, la divergencia es tan amplia como en el pensamiento de
Habermas. Ninguno de los otros autores puede ser considerado tan "liberal", ni ha dedicado semejante esfuerzo intelectual para la construcción de un sistema de relaciones sociales racionales y discursivas. Es por
esta razón que los paralelismos entre la tesis de Habermas y la de Schmitt son aún más paradójicos. Dada la dependencia estructural y textual
de Habermas respecto de Schmitt, y la seria diferencia que hay entre ellos
en materia de valores políticos, ¿el uso de la argumentación formal de
Schmitt contra el liberalismo tiene efecto sobre las elecciones normativas disponibles en el sistema de pensamiento de Habermas?

Si tomamos sólo dos precursores de Habermas en la tradición de la
Teoría crítica —Benjamin y Kirchheimer— es relativamente fácil demostrar que los elementos antiliberales y, en el caso de Kirchheimer, una teoría política y legal sofisticada, los han alejado de la democracia liberal y
han tendido a vincularlos con las posibilidades de desarrollo de la República de Weimar en el sentido de una sociedad más junta desde el punto
de vista social. Identificando las instituciones centrales del gobierno liberal en Alemania con un sistema cerrado de intereses burgueses, y por lo
tanto, como contradicciones de la democracia, Kirchheimer subestimó su
potencial. Los conceptos retomados por Schmitt han reforzado su argumentación en contra de la república. Pero sus clásicas ideas marxistas lo
condujeron al rechazo de la imperfecta democracia de la república a favor
de una sociedad idealmente homogénea y de la democracia directa.

Pasando por alto el énfasis de Kirchheimer sobre la identidad material
de las clases, Habermas propone algo diferente: el acuerdo sobre los princi-

---

[74] Ibid., pág. 90.

pios de la conducta ética logrado a través de la discusión pacífica y racional. Él también tiene en mente un escenario político diferente respecto de Schmitt: la concretización de la democracia como un proceso educativo en el cual los ciudadanos participen como entidades libres, iguales, dotadas de autodeterminación y soberanos; un discurso democrático que "redescubre" estos principios racionales sobre los cuales se apoya la democracia. Pero Habermas también niega la legitimidad a las instituciones representativas, y a la regla de la mayoría en ciertas circunstancias. Así como Kirchheimer, Habermas es llevado por la estructura de su teoría a subestimar las instituciones liberales e, incluso, a contraponerlas con los ideales éticos y democráticos. Richard Löwenthal concibe la tesis de Habermas como una negación de la democracia existente basada en el sufragio universal, una tesis que no comprende aquello que posibilitó las reformas, ni toma en serio el poder de los electores en las sociedades occidentales. La negación de la "democracia meramente formal" lo ubica dentro de una tradición alemana de pensamiento sobre la democracia directa y revela una actitud típica de esta tradición: la resistencia a aceptar la heterogeneidad social y a mantener el pluralismo en la cuenta deudora. Su ideal no es solamente una democracia sin partidos, sino que también es, como afirma Löwenthal, "una democracia que no existió nunca en las sociedades complejas y para la cual nunca hubo un proyecto concreto".[75]

Resulta obvio cuán utópico es el modelo de Habermas de ética comunicativa en política (él afirma que sería como una discusión en un seminario ideal)[76] cuando se aplica a una disputa política cualquiera, ya sea que se trate del combustible sin plomo de la Comunidad Europea o de las reivindicaciones de árabes y judíos en el West Bank. El modelo se malinterpreta, y no porque exista una distorsión política o de poder de la otra parte, sino que para que existan diferencias reales de valores en las sociedades modernas, existen, por cierto, reivindicaciones históricas que compiten entre ellas. La razón política auténtica simplemente no puede ignorar estas diferencias y reivindicaciones a favor de la "situación comu-

---

[75] R. Löwenthal, *Gesellschaftliche Transformation und demokratische Legitimität*, en W. Schulenberg (compilado por), *Reform in der Demokratie*, Hoffman und Campe Verlag, Hamburgo, 1976, págs. 24-45. Cf. especialmente págs. 26-27 y 33 y sigs.
[76] Ibid., pág. 37. Cf. J. Habermas, *Protestbewegung und Hochschulreform*, Suhrkamp Verlag, Frankfurt a. M., 1968, págs. 244-248.

nicativa ideal". La democracia de Habermas podría concretarse sólo en una comunidad homogénea. Su concepción de las cuestiones prácticas con "la capacidad de la verdad" da por descontado que el pluralismo de valores es, intrínsecamente, indeseable.[77] El resultado es un rechazo a considerar las alternativas existentes y a elaborar un concepto de democracia que haga justicia con respecto a su complejidad.

Una segunda consecuencia normativa de la tesis contra el liberalismo está implícita en lo dicho anteriormente, es decir, la realidad se contrapone con el ideal; la legalidad con la legitimación. Ésta es la clave del radicalismo de Schmitt, como reconocieron muchos de sus contemporáneos y de los críticos posteriores. El trabajo de Habermas usa esta estrategia para explorar la fractura entre los hechos de las instituciones existentes y sus fundamentos "histórico-intelectuales": en contraste con el modelo clásico publicitado, la realidad de la política y del debate parlamentario se revela "no sólo como una distorsión empírica, sino como en un Estado puro de corrupción".[78] Partiendo desde esta base, los procedimientos de la democracia liberal pierden su poder de conexión, con el resultado lógico de que el ciudadano es llevado a cuestionar su obligación política. En ciertas circunstancias históricas específicas ésta, a su vez, se transforma en una cuestión de resistencia o de insurrección. La cuestión se deja en suspenso en el ensayo *Legitimations probleme im Spätkapitalismus*, pero en los comienzos de los años ochenta, Habermas adoptó una posición más clara con respecto a la obligación política en la democracia liberal: "El valor de la regla de la mayoría debe medirse de acuerdo con la idea de la distancia entre la decisión y resultado ideal de un acuerdo discursivo o de un compromiso presumiblemente justo". Las reglas se contraponen con los ideales, la legalidad con la legitimación, razón por la cual las decisiones políticas formales tomadas por las instituciones representativas sobre la base de la regla de la mayoría no reflejan la identidad democrática del Estado constitucional burgués ni agotan su sustancia. El potencial democrático permanece como una sustancia directa, no mediata, de la vida política.[79]

---

[77] Lukes, *Od Gods and Demons*, en *Habermas: Critical Debates, op. cit.* El mismo punto de vista, pero desde un ángulo diferente, se encuentra en A. Heller, *Habermas and Marxism*, en *Habermas: Critical Debates, op. cit.*, págs. 21-41.

[78] J. Fijalkowski, *Die Wendung zum Führerstaat: Ideologische Komponenten in der politischen Philosophie Carl Schmitts*, Westdesutscher Verlag, Köln, 1958, pág. 4.

[79] Ibid.

El rechazo de la democracia parlamentaria y representativa a favor de varios modelos de democracia directa fue, en la Alemania moderna, una posición característica tanto de la derecha como de la izquierda. Aunque las tesis políticas aquí descriptas poseen una aguda lucidez, esta definición de democracia lleva a estimaciones crucialmente falsas de las posibilidades y de las dificultades de los sistemas modernos de gobierno. El hecho de ver cómo se repiten estas teorías demuestra cuán importante fue y cuánto lo es, todavía, el período de Weimar como fuente del pensamiento político alemán.[80] Y es también una demostración de cuán importante fue el pensamiento de Schmitt en la elaboración de las ideas sobre la democracia en Alemania. En cuanto a la conservación de esta tradición de pensamiento político, en la Alemania aún viva, la Escuela de Frankfurt tuvo una significativa actuación.

---

[80] Cf. C. Offe y B. Guggenberger (compilado por), *An den Grenzen der Mahrheitsdemokratie: Politik und Soziologie der Mehrheitsregel*, Westdesutscher Verlag, Opladen, 1984.

Colofón

www.ingramcontent.com/pod-product-compliance
Lightning Source LLC
Chambersburg PA
CBHW081720250726
48657CB00010B/3064